W0196223

Michaela Fischer

Leben aus der Freude

Weisheit und Heilkraft
der Hathoren

Michaela Fischer

Leben aus der Freude

Weisheit und Heilkraft der Hathoren

mit 33 Übungen

Brandheiße Infos finden Sie regelmäßig auf:
www.facebook.com/AMRAVerlag

Mehr von der Autorin zum Thema:
www.michaelafischer-spirit.de

Neues von den Hathoren:
www.AmraVerlag.de

Copyright © 2014 by Michaela Fischer

Eine Originalausgabe im AMRA Verlag
Auf der Reitbahn 8, D-63452 Hanau
Telefon: + 49 (0) 61 81 – 18 93 92
Kontakt: Info@AmraVerlag.de

Herausgeber & Lektor | Michael Nagula
Umschlaggestaltung | Murat Karaçay
Typografie & Satz | Iga Bielejec
Druck | FINIDR, s.r.o.

ISBN Printausgabe 978-3-939373-97-1
ISBN eBook 978-3-95447-045-7

Alle Rechte der Verbreitung vorbehalten, auch durch Funk,
Fernsehen und sonstige Kommunikationsmittel, fotomechanische
oder vertonte Wiedergabe sowie des auszugsweisen Nachdrucks.

Vorwort

Als mein Verleger mir den Vorschlag machte, dieses Buch zu schreiben, ahnte ich nicht, dass da bereits die Hathoren ihre »Lichtfinger« mit im Spiel hatten. Zwar liebäugelte ich schon eine ganze Weile damit, ein Hathoren-Übungsbuch herauszubringen, doch die Sorge, möglicherweise nicht genug Input für ein komplettes Buch zu bekommen, ließ mich zögern, bis ich die Idee schließlich vollends verwarf.

Nun, meine geistigen Helfer hatten andere Pläne: Auf einem meiner Seminare übte ich mit den Seminarteilnehmern, Hathoren-Botschaften für jemand anderen zu erhalten und an diesen weiterzugeben. Durch die ungerade Zahl von TeilnehmerInnen war ich bei der Übung mit von der Partie und erhielt folgende Botschaft von meinem Gegenüber:

»Die Hathoren teilen dir mit, dass du unbedingt dran bleiben und genau das machen sollst, woran du die ganze Zeit denkst und was du dir eigentlich vorgenommen hast. Du wüsstest schon, worum es geht, und sie würden dich unterstützen.«

Wow! Natürlich wusste ich genau, worauf sie anspielten, auch wenn mein Übungspartner keinen blassen Schimmer hatte, worum es ging. Ich sollte also ein Hathoren-Buch schreiben. Kurz darauf telefonierte ich mit Michael Nagula, dem Verleger des Amra Verlags, der mich mit lieben Worten dazu motivierte.

Die Existenz der Hathoren ist noch nicht so sehr im Bewusstsein und in den Herzen der Menschen verankert wie beispielsweise die der Engel oder Aufgestiegenen Meister, darüber bin ich mir im Klaren. Und doch werden es immer mehr Menschen, die sich für diese besondere und wahrhaft *Wunder*-volle Energie öffnen. Wer sich einmal auf ihre Frequenz eingeschwungen hat, wird sehr schnell merken, dass ihm nicht Fremdheit und kühler Sternenwind, sondern Wärme, Herzlichkeit und vor allem Liebe entgegengebracht wird. Dies macht die Hathoren so »menschlich«. Wenn ALLES-was-ist GOTT ist, dann sind wir ebenso göttlich wie die Hathoren. Dieser Umstand macht sie für uns erfahrbar auf der Ebene des Göttlichen, wo es keine Verständigungsprobleme, sondern nur Einverstanden-Sein gibt.

Und mehr noch: Jeder von uns kann sich als Kanal für sie zur Verfügung stellen. Die reine Absicht und ein geöffnetes, liebendes Herz genügen. Ich hatte ganz und gar nicht das Gefühl, eigens von ihnen ausgewählt zu sein – wahrscheinlich schon deshalb nicht, damit ich keine Chance hatte, mein Ego zu polieren. Es geschah einfach, ausgelöst durch die Klangmeditationen von Tom Kenyon. Ich war wie vom Blitz getroffen und verliebt. Mein Verstand war ausgeschaltet, und ich fühlte nur noch diese reine Liebe und Freude. Dann begannen die Berührungen – davon erzähle ich später noch. Die Hathoren nahmen Kontakt mit mir auf, und ich war bereit und wahrscheinlich auch reif dafür, ihre Botschaften weiterzugeben.

Innerhalb von zwei kurzen Abenden entstand das Kartendeck mit 33 Botschaften, und schon bald darauf gaben sie mir zu verstehen, dass das Übungsbuch, so wie Sie es jetzt vorliegen haben, ebenfalls 33 Übungen enthalten solle. Warum immer wieder die 33?

Die Zahl 33 ist numerologisch eine Meisterzahl, welche die Energie der Großen Veränderung trägt, die wir erleben. Und damit hat sie eine besondere Bedeutung im Zusammenhang mit dem globalen Bewusstseinswandel, der derzeit auf der Erde stattfindet. 33 ist die Zahl der Christusenergie, der Lichtdienst für die Welt, sie öffnet das Herz, symbolisiert Mitgefühl und bedingungslose Liebe, den Dienst am Menschen und an

Mutter Erde – sie passt also wundervoll zur Hathoren-Energie, die ich als pure Liebe wahrnehme.

Die Zusammenarbeit mit den Hathoren war nicht immer einfach: Wochenlang hüllten sie sich in Schweigen, dann erhielt ich teilweise überfallartig zwei oder drei Übungen am Tag. Aber nur, wenn ich draußen im Garten oder in der freien Natur war, nie direkt am Computer, und Voraussetzung war auch, dass ich ganz in meiner inneren Balance war.

Trotzdem ging es sehr leicht und freudvoll. Da ich Seminare und Workshops leite, konnte ich die Übungen auch immer gleich ausprobieren und ein Feedback von den TeilnehmerInnen einholen. Die Rückmeldungen waren sehr ermutigend, sie stärkten mein Vertrauen und berührten mein Herz. Einige davon habe ich als »Reiseberichte« anvertraut bekommen, mit der Erlaubnis, sie in diesem Buch vorzustellen. Danke aus tiefstem Herzen dafür!

Immer mehr Menschen öffnen sich nun für die Hathoren-Energie und lernen die wertvollen Werkzeuge und Impulse, die uns diese Wesen schenken, schätzen. Das Leben wird reicher, leichter und freudvoller, wenn wir die Hilfe aus der geistigen Welt annehmen, ganz egal, ob sie von den Engeln, Aufgestiegenen Meistern, den Lichtwesen aus der Inneren Erde oder eben von den Hathoren kommt. Ich bin ohnehin davon überzeugt, dass die geistige Welt ihr eigenes Hilfsnetzwerk hat, das uns geschlossen zur Verfügung steht, wenn wir um Unterstützung bitten.

In diesem Buch finden Sie Übungen für sich selbst und auch einige, die Sie vielleicht mit dem Ehepartner oder der besten Freundin ausprobieren möchten. Falls Sie selbst Seminare und Workshops leiten und gern lebendige, interaktive Gruppenarbeit in Ihrem Programm haben, möchte ich Sie ermutigen, die Gruppenübungen zu wählen. Sie werden sehr schnell merken, wie warm, herzlich, heiter und freudvoll die Stimmung unter den Menschen wird.

Erlauben Sie mir bitte – im Bewusstsein, dass wir alle EINS sind –, Sie in diesem Buch zu duzen. Dadurch kann die Hathoren-Energie leichter dein Herz erreichen.

Namasté!

Michaela Fischer

Lied auf die Schönheit der Erde

Ich singe ein Lied für dich, Mutter Erde,
auf deine Schönheit – ein Lied mit neuen Tönen
aus der Tiefe meines Herzens.
Meine Klänge verbinden sich mit deinen,
die du für mich singst.
Erde, Wasser, Luft, Feuer und Äther schwingen sich ein
in die Dämmerung des neuen Morgens.
Auch ich bin bereit, tanze freudig
durch das große Sternentor zum Großen Einen –
und doch bleibt ein Teil von mir
immer bei dir – Mutter Erde.

Einleitung

Über die Hathoren und wie ich sie wahrnehme

Meine erste Begegnung mit den Hathoren war physischer Natur: Ich besuchte vor vielen Jahren ein Seminar, das von Tom Kenyon, einem international bekannten amerikanischen Klangheiler, Gehirnforscher, Musiker und Therapeuten, geleitet wurde. Ich hatte keine Ahnung, was mich damals bewogen hat, extra nach Bayern zu fahren, um bei diesem Seminar dabei zu sein – heute weiß ich es.

Mit den Hathoren brachte ich bislang nur die Göttin Hathor, den dazugehörigen Tempel in Dendera und die riesigen Hathor-Kapitelle im Hatschepsut-Tempel in Verbindung. Ich wusste weder um ihre feinstoffliche Natur, noch, dass sie für uns Menschen eine so große Bedeutung im Dimensionswechsel haben werden.

Kurz und gut, ich war neugierig und aufgeregt, was mich wohl erwartete. Während Tom Kenyons Stimme Klangspiralen durch den Raum fließen ließ, die mir eine Gänsehaut nach der anderen bescherten, fühlte ich plötzlich feine, kleine, liebkosende Berührungen auf meinem Gesicht, so als ließen sich Schmetterlinge auf mir nieder. Das irritierte mich sehr, denn es waren definitiv keine flatternden Schmetterlinge im Seminarraum. Einer anderen Frau schien es genauso ergangen zu sein, denn sie traute sich, Tom Kenyon danach zu fragen. »Oh, that's the Hathors – they like to touch people«, entgegnete er lapidar. »Ach, das sind die Hathoren – sie berühren gern Menschen.« Offensichtlich kannte er die zärtlichen Anwandlungen der »Meister der Liebe und des Klangs« bereits.

So begann meine persönliche Beziehung zu den Hathoren.

Ich besuchte noch viele Seminare mit ihnen und Tom Kenyon, begann ihre heilenden Klänge zu nutzen und irgendwann auch ihre Sprache zu verstehen. Ich erhielt wahrhaft herzöffnende Übungen und Meditationen von ihnen, die die Menschen wieder mit der Erde und untereinander verbinden sollen. Hellsichtige konnten sie um mich herum sehen, und ich spürte ihre Anwesenheit, die sich in Wärme, Liebe, Freude und Leichtigkeit zeigte, immer deutlicher.

Jedes Mal, wenn mein »innerer Zweifler und Skeptiker« sich meldet, ob denn das, was ich höre und fühle, wirklich von den Hathoren kommt, nehme ich die typischen, bereits beschriebenen Berührungen wahr, oder es fängt an, irgendwo zu kribbeln und mich zu jucken. Vielen meiner Seminarteilnehmerinnen geht es übrigens genauso, wenn wir sie rufen.

Seit einigen Jahren begleiten die Hathoren mich nun schon, und ich bin immer wieder überrascht, wie rasch und intensiv sich ihre Energie aufbaut, wenn wir sie in unser Leben einladen. Wer sie eigentlich sind? Bevor ich davon schreibe, möchte ich euch sagen, dass sie für mich immer wieder für eine Überraschung gut sind, denn ich entdecke ständig neue Seiten an ihnen – doch dazu später ...

Diese wundervollen, intergalaktischen Wesen, die aus einem anderen Universum über den Sirius zu uns kamen, leben derzeit in den ätherischen Gefilden der Venus. Sie sind eine aufgestiegene Zivilisation der 12. Dimension und wirkten unter anderem durch die Göttin Hathor im alten Ägypten, in Tibet und Lemurien und stellen sich nun mit all ihrem Wissen und ihrer Weisheit zur Verfügung: Sie heilen durch Klänge und schenken uns kraftvolle Übungen aus der altägyptischen Alchemie, die uns helfen können, leichter und freudvoller durch den Lichtkörperprozess zu gehen. (1)

Sie tauchen immer in Gruppen auf, manchmal sind es nur vier oder fünf, manchmal auch weit über zehn Hathoren. Im Gegensatz zu meinem doch etwas betagten Geistführer empfinde ich die Energie der Hathoren immer als »jung«.

Wer sich zu den Hathoren hingezogen fühlt, der nimmt schnell ihre freudige, warmherzige und liebevolle Schwingung wahr. Sie empfinden sich als unsere Brüder und Schwestern im Geiste, weil sie selbst einen Dimensionswechsel miterlebt haben und deshalb nachempfinden können, was wir Menschen durchstehen. Sie sehen unsere Wunden und Ängste, unseren Schmerz, aber auch das wundervolle Potenzial unserer Zukunft. Sie erinnern uns immer wieder geduldig daran, endlich in unsere Meisterschaft zu gehen:

Ich bin die Meisterschaft.
Ich hebe dich empor aus den
Fängen deiner menschlichen Persönlichkeit.
Lass alle Gedanken, Gefühle,
Worte und Taten, die deine Schwingung
erniedrigen, einfach hinter dir und entfalte
die Flügel der Liebe und der Erkenntnis.
Aus dieser höheren Sicht deines lichtvollen
Seins erkennst du die Zusammenhänge
der Schöpfung Gottes und dass sich alles,
was geschieht, in göttlicher Ordnung
befindet.
(aus dem Hathoren-Kartendeck)

Die Hathoren verbinden sich über die Herzenskraft und Herzintelligenz mit uns, und deshalb sind ihre empfohlenen Übungen und Meditationen auch irritierend einfach – irritierend, weil wir daran gewöhnt sind, unserem Verstand mehr zu vertrauen als unserem Herzen. Wir glauben, kompliziert denken und handeln zu müssen, wenn wir uns weiterentwickeln wollen. Doch da die Hathoren in erster Linie mit unserem Emotionalkörper arbeiten, sind wir jetzt dazu aufgefordert, aus der ewig sprudelnden Quelle unseres heiligen Herzens zu schöpfen. Dort finden wir Liebe pur und vor allem die Einfachheit und Leichtigkeit, die jedes Gegenüber verstehen kann.

Tom Kenyon war einer der ersten Zeitgenossen, mit denen die Hathoren Kontakt aufgenommen haben. Ihre Botschaften, Technologien und Klänge werden vor allem durch ihn in die Welt gebracht. Ich glaube, dass die Hathoren, die mit *mir* verbunden sind, eine eher weibliche Energie haben, sie sind freudvoll und sanft, und ich spüre die lemurische und venusische Saat sehr deutlich.

Wie gesagt, sie überraschen mich stets aufs Neue, wenn sie mich etwa in die Innere Erde führen oder meine Aufmerksamkeit auf die Meeresbewohner und Elementarwesen lenken. Für mich sind sie Brückenbauer, Mittler zwischen den Dimensionen, die die Liebe als stärkste Kraft im Universum bewegen, damit diese alles durchströmt, was ist. Es kommt mir vor, als werde alles von einer riesigen, goldenen hathorischen Energiespirale erfasst und durchdrungen.

Ich fühle mich in Liebe mit ihnen verbunden, so wie mit sehr guten Freunden oder verständnisvollen Geschwistern. Ich spüre aber auch ihre Meisterschaft, ihre Klarheit, Ruhe und den Frieden, den sie ausstrahlen. Sie können manchmal sehr ernst werden, besonders, wenn es darum geht, wie wir mit Mutter Erde umgehen. Ein anderes Mal sind sie einfach nur lustig, spielen, fordern mich auf, mich treiben zu lassen, zu entspannen, alles nicht so ernst zu nehmen. Sie erinnern mich immer daran, dass das Leben ein wunderschönes Spiel ist.

▲▲▲

Nun, bist du neugierig geworden und möchtest die Energie der Hathoren vielleicht selbst fühlen? Die nachfolgende Übung macht dich mit ihrer Schwingung vertraut und hilft dir, deinen physischen Körper und auch deine feinstofflichen Körper zu harmonisieren und in eine »hathorische« Frequenz zu heben.
Du kannst diese Übung gern täglich ausführen:

1. Übung: Frequenzerhöhung durch die Hathoren

Rufe aus der Tiefe deines Herzens die Hathoren herbei, bitte sie an deine Seite.
Stell dir vor, sie stehen hinter deinem Stuhl und segnen deinen Platz. Stell dich vor die Sitzfläche deines Stuhls, schließe die Augen und entspanne dich.
Sprich nun laut:
»Liebe Hathoren, bitte bringt all meine Körper in die Schwingungsfrequenz göttlicher Liebe, göttlicher Vollkommenheit, vollkommener Gesundheit, Freude und Leichtigkeit. Danke.«

Warte, bis sich die Energie aufgebaut hat, setze dich dann mit geschlossenen Augen auf deinen Stuhl und lass die Frequenzerhöhung geschehen.

Mache dies bitte insgesamt 3 Mal.

Vielleicht kannst du spüren, dass sich etwas verändert und dass die Energie immer stärker wird? Möglicherweise spürst du Wärme oder Freude und Heiterkeit in dir aufsteigen.

Angelikas Bericht

Durch die schönen Hathoren-Meditationen hat sich mein Kontakt zu den Hathoren, den ich bereits durch die Musik von Tom Kenyon hatte, sehr intensiviert.

Ich konnte ihre freudvolle, lustige und spaßige Energie erfahren wie nie zuvor. Es ist schon witzig, wie sie mich an vielen Körperstellen berühren. In einer Meditation habe ich fast geglaubt, jemand hätte mich tatsächlich berührt. Es war aber wieder nur einer ihrer Scherze. Sie sind so lustig und ausgelassen wie kleine Kinder, was mir viel Freude bereitet und mich an die Sorglosigkeit und Spontaneität meiner Kindheit erinnert.

Danke für all die schönen Meditationen, in denen sich viele Energieblockaden im physischen Körper und in den Energiekörpern lösen durften.

Danke für die Tiefe der Meditationen, in denen Heilung geschehen durfte.

Heilung auf allen Ebenen
unseres Seins

Heil-Sein ist unser ursprünglicher natürlicher Zustand, denn er bedeutet gleichzeitig Eins-Sein mit Gott und der Schöpfung. Durch das illusionäre Gefühl des Getrennt-Seins (in Wirklichkeit haben wir nie unsere Seelenheimat verlassen, sind immer eins mit der Quelle allen Seins) und durch unsere Menschwerdung entstand unter anderem das, was wir heute als Krankheiten erleben. Von einer anderen Warte aus betrachtet könnten wir unsere körperlichen und psychischen Krankheiten eigentlich als Segen, als Gnade verstehen, denn ihr bewusstes Annehmen, ihre Bewältigung, bringen uns wieder zurück in die Liebe, die wir sind.

Jeder von uns hat durch seine zahlreichen Inkarnationen Programme von Krankheit, Schmerz, Leid und Tod im Zellgedächtnis gespeichert. Ein Teil dessen, das eine wichtige Botschaft, Lernaufgabe oder dergleichen für uns hatte, durfte sich im aktuellen Leben zeigen. Mittlerweile werden durch Krankheit alte Schmerzerinnerungen gelöscht, uralte Traumata aufgelöst, was den Aufstiegsprozess beschleunigt und erleichtert. Es ist, als kämen nun Symptome, Schmerzen und längst »geheilt« geglaubte Krankheiten wie zähflüssige Schlacke nach oben, die uns wieder verlassen, sobald wir bewusst mit ihnen arbeiten. So gesehen ist Krankheit auch immer eine Chance, sich der eigenen göttlichen Seele wieder zu nähern. Doch leider geht unsere Gesellschaft noch sehr unbewusst mit Krankheit um: Wenn beispielsweise ein Kind mit einer »unheilbaren« Stoffwechselkrankheit zur Welt kommt, dann reagiert die Schulmedizin mit entsprechenden Medikamenten und Behandlungsstrategien darauf. Spirituell eingeweihte Heiler würden möglicherweise »sehen«, dass das Kind unbearbeitete Reste eines früheren Lebens mitgebracht hat oder das Leid der Ahnen trägt, und könnten auf ihre spezielle Weise dem Kind und seiner Familie helfen.

Die Zeitqualität des Übergangs in eine neue Schwingungsfrequenz, die sich in einem auf uns herabfließenden Strom von strahlendem kristallinen Christuslicht zeigt, bringt alles Dunkle, alle Schatten hervor, gnadenlos und gleichzeitig gnadenvoll.

Die Fokussierung auf Krankheit, vor allem auf die Ängste, die dadurch entstanden sind, hält sie in uns fest. Heilvoller wäre es, sich all dies anzuschauen, zu akzeptieren, es willkommen zu heißen, zu umarmen und es dann einfach durchfließen zu lassen. Es ist Zeit, Abschied zu nehmen von allem, was uns einst gedient, nun aber seine Aufgabe erfüllt hat.

Unsere Teilnahme und unser Einverständnis am chemischen und invasiven Eingriff der Schulmedizin machen schmerzhaft deutlich, wie sehr wir uns von den natur- und gottgegebenen Heilweisen entfernt haben.

Heilung in der Neuen Zeit wird einen Paradigmenwechsel erfahren: Das, was wir bisher als »ganzheitlich« verstanden haben, nämlich Körper, Geist und Seele als Einheit zu behandeln, ist ja schon ein riesiger Fortschritt gegenüber dem, was die Schulmedizin uns bisher anzubieten hatte. Jedoch werden sich die Heilmethoden auf eine Weise verändern, die wir uns heute in ihrer Bedeutung noch gar nicht vorstellen können. Dies betrifft die Diagnosetechnik ebenso wie die nachfolgende Therapie. Der Eintritt in die fünfte Dimension, der als Prozess schon längst begonnen hat, öffnet uns »Tempel der Heilung«, in denen wir nur noch mit Schwingungsfrequenzen von Licht, Farben, Klängen, Worten und Herzqualitäten arbeiten werden. Feinstoffliche Kräfte von Pflanzen, Tieren, Mineralien, die Elemente und Elementarwesen und vor allem das goldene Licht aus dem Herzen der Erde werden uns dabei unterstützen.

Dieses Wissen ist uralt, es ist atlantischen, lemurischen und altägyptischen Ursprungs, es kommt von unseren Sternen und Planeten, den

Dimensionen der Inneren Erde und strömt wieder in unser Bewusstsein, wenn wir uns dafür öffnen.

In dieser Zeit des Dimensionswechsels brauchen wir noch Menschen, die sich für uns als Heilkanal zur Verfügung stellen. Danach kommt eine Zeit, in der wir uns selbst heilen können, weil wir uns unserer Schöpferkraft wieder voll bewusst werden – und schließlich wird es der »Heilung« gar nicht mehr bedürfen, da wir in unsere ursprüngliche Gottesnatur zurückgekehrt sein werden.

2. Übung: Heilung der Zeitlinien in der Wirbelsäule durch Rückverbindung mit der Erde und der göttlichen Quelle

Vorgeschichte

Im *Lichtkristall,* einem spirituellen Zentrum im Odenwald, stand einer meiner Hathoren-Abende an, und wie immer ging ich etwa eine Woche zuvor in Austausch mit den Hathoren, um zu erspüren, was die Gruppe brauchte. Daraufhin entstand das Programm des Abends, das ich auch Gabriele Pedersen, der Leiterin des Zentrums, mitteilte, die es wiederum den Teilnehmern per E-mail schickte.

Vier Tage vor dem geplanten Abend, gegen 18 Uhr, nahmen die Hathoren Kontakt mit mir auf und informierten mich über eine Übung, die gespeicherte Informationen aus der Wirbelsäule über eine Wiederanbindung an Mutter Erde und die göttliche Quelle in Licht und Liebe umwandelt. Ich war so berührt von der Übung, dass ich sie als Update sofort per E-Mail an das Zentrum weiterleitete, mit der Bitte, diese »Programmänderung« den Teilnehmern zukommen zu lassen.

Gabriele Pedersen befand sich zu dieser Zeit in einer Aura-Behandlung mit einer Klientin. Auch dies geschah gegen 18 Uhr.

Am nächsten Morgen las ich eine E-Mail von ihr, in der sie mir mitteilte, dass sie das erste Mal von der geistigen Welt dazu aufgefordert worden sei, auf bestimmte Weise mit der Wirbelsäule ihrer Klientin zu arbeiten, da diese als »Zeitlinie« zu betrachten sei und dort gespeicherte Informationen sich nun lösen durften. Als sie später meine Botschaft las, war sie sehr berührt über die Synchronizität. Doch es kommt noch besser: Wenige Tage davor hatte sie eine Pianistin in ihrem Zentrum zu Gast, die intuitive Klaviermusik macht. Sie improvisierte ein *Lied für die Wirbelsäule!* Offensichtlich schwammen wir alle drei gemeinsam im morphogenetischen Feld dessen, was das Kollektiv gerade dringend benötigte, und die geistige Welt erwies jedem von uns auf individuelle Weise die Gnade, Zugang zu dem alten Wissen zu bekommen, durch das Heilung möglich ist.

Hintergrund

In den Kalzitkristallen unserer Knochen, besonders in der Wirbelsäule, sind feinstoffliche Informationen gespeichert, die (traumatische) Resterinnerungen früherer Leben und Ereignisse unserer Kindheit und unseres Erwachsen-Seins enthalten. Viele Menschen in meiner Umgebung klagen über Gelenkschmerzen in Schultern, Knie und Hüften, starken Verspannungen in der Nackenmuskulatur, Stiche im Brustkorb und Schmerzen in der Lendenwirbelsäule.

Die Wirbelsäule ist unser Kraftkanal, der uns mit Himmel und Erde verbindet.

Dazu wirken die im Yoga beschriebenen energetischen Ströme Sushumna, der Zentralkanal im Rückenmark, der Körper und Geist miteinander verbindet, Ida, links von Sushumna, der die empfangende, lunare, weibliche

Energie, das Yin, symbolisiert, und Pingala, rechts neben Sushumna, der das solare, männliche Prinzip, das Yang, ausdrückt. Diese Energieströme beeinflussen unsere Körperfunktionen, unsere Persönlichkeit und spirituelle Evolution. Erst im wechselseitigen Zusammenspiel kann die Kundalini-Energie aufsteigen und unser göttliches Bewusstsein erwecken.

Immer dann, wenn Schattenaspekte, Schuld, Scham und Ängste aus dem Dunkel unserer Akasha aufsteigen und auf das herabsteigende kosmische, kristalline Schöpferlicht treffen, findet in unserer Wirbelsäule, aber auch in unserem Hormonsystem, den Organen, dem Nervensystem und so weiter eine tiefgreifende Reinigung und Transformation in Christuslicht statt. Die Kalzitkristalle in unseren Knochen, die wie Antennen zu den höheren Reichen wirken, ändern ihre Ladung allmählich von der emotional-magnetischen zur geistig-elektrischen Schwingung. Wenn wir als neue galaktische Menschen die Neue Erde bevölkern wollen, dann muss unsere Schwingung ihrer angepasst werden. Dies funktioniert nur, indem wir jegliche Altlasten liebevoll annehmen, loslassen und das reine, klare kristalline Licht der Liebe und Gnade in uns aufnehmen.

▲ ▲ ▲

Die folgende Hathoren-Übung, die zu zweit ausgeführt wird, unterstützt diesen Prozess durch sanftes Wieder-Anbinden an die Kraft von Mutter Erde und die göttliche Quelle allen Seins.
Sie dauert meiner Erfahrung nach mindestens 30 Minuten pro Person.

Wir arbeiten mit drei Bereichen unserer Wirbelsäule

1. Steißbein, Kreuzbein, Lendenwirbel. Dieser Bereich steht für das Urvertrauen, aus dem wir alle einst gefallen sind.

2. der Brustwirbelsäule, dem Raum, der unser Herz birgt, den Ort der Liebe, der Freude und des Friedens, sowie dem hinteren, empfangenden Herzchakra, das bei vielen Menschen geschlossen ist.

3. der Halswirbelsäule bis zum Atlaswirbel, Schädelbasis, Kehlchakra, dem Raum unserer eigenen (ausgesprochenen) Wahrheit und Wahrhaftigkeit, den beiden Vertiefungen links und rechts der Schädelbasis, die Energietore für den Eintritt in die neue Dimension sind (»Himmelsfenster«).

Zusätzliches

Papier und Schreibzeug, Kerzen, ein schöner Duft, entspannende Musik (z. B. Hathorenklänge von Tom Kenyon)

Vorbereitung

Erschaffe einen heiligen Raum, in dem du die Hathoren und andere Lichtwesen aus der geistigen Welt einlädst, die Heilung zu unterstützen. Zünde die Kerze an und bedufte den Raum.

Stimmt euch ab, wer zuerst behandelt wird.

Bitte die Hathoren, dass sie um euch sind und euch unterstützen.

Es wäre wundervoll und wünschenswert, wenn du Liebe oder zumindest Sympathie für den anderen empfinden könntest, denn Heilung kann nur durch und mit Liebe geschehen.

I. Teil – »Lesen« der Wirbelsäule

Setze dich dicht Rücken an Rücken mit der zu behandelnden Person und verbindet euch beide über die hinteren Herzchakras durch einen rosaroten Herzensstrahl, wobei ihr euren Höheren Selbsten erlaubt, für die Dauer der Behandlung miteinander zu verschmelzen. Noch intensiver wird das »Lesen der Wirbelsäule«, wenn du deine Pranaröhre mit derjenigen des oder der anderen eins werden lässt und ihr mit einer gemeinsamen Pranaröhre atmet. Die Pranaröhre kannst du dir wie eine feinstoffliche »Leuchtstoffröhre« entlang der Wirbelsäule vorstellen, die etwa eine Handspanne über deinem Kopf in dein Kronenchakra eintritt und ebenso lang unter den Füßen endet. Wenn du Daumen und Mittelfinger zu einem Ring formst, dann hast du den individuellen Durchmesser deiner Pranaröhre. Durch sie werden wir mit den Energien der Erde und denen des Himmels genährt. Die beiden Pranaströme treffen sich im Herzen und bilden dort eine sich stetig ausdehnende Lichtkugel.

Um zu verhindern, dass du fremde, dunkle Energie vom anderen in dich aufnimmst, hülle dich in einen Mantel aus schützendem goldenen Licht und / oder stelle dich nach der Behandlung in die Violette Flamme der Transformation.

Lege Papier und Schreibzeug neben dich und beginne, in der Wirbelsäule der zu behandelnden Person von unten nach oben zu »lesen«. Achte darauf, ob Bilder, Gefühle, Farben, Symbole oder dergleichen kommen, und schreibe sie gegebenenfalls auf. Versuche dabei zu lokalisieren, wo du etwas wahrgenommen hast. Setze dich aber bitte nicht unter Druck, etwas »sehen« zu *müssen*. Jeder von uns nimmt anders wahr: Vielleicht gehörst du zu denen, die eher etwas »hören« oder einfach nur fühlen.

Manchmal steigen Bilder aus vergangenen Leben oder diesem Leben auf, Krisen und traumatische Erlebnisse, aber auch Bilder, die das Potenzial des anderen zeigen. All dies *kann* sein, *muss* aber nicht.

Wenn du das Gefühl hast, dass dies beendet ist, setze dich bitte schweigend mit deiner Vorderseite an den Rücken deines Partners / deiner Partnerin und beginne mit der Behandlung.

II. Teil – Wiederverbinden mit der Erde und der göttlichen Quelle

1. Unterer Bereich der Wirbelsäule

Lenke dein Gewahrsein zur Erde und lasse Dankbarkeit und Wertschätzung in sie fließen.

Nimm den rubinroten Kristall in ihrem Herzen wahr und lade deine Hände damit auf. Richte deine Handflächen auch nach oben zur göttlichen Quelle und erbitte den göttlichen Segen.

Beginne nun intuitiv, unsichtbare Stränge aus rubinrotem Licht, die die Kraft der Erde enthalten, mit den unteren Wirbeln deines Gegenübers zu verbinden. Leite die Energie aus dem Herzen der Erde in Steißbein, Kreuzbein, Lendenwirbel und führe auch rote Lichtstränge zurück ins Herz von Mutter Erde. Lege ab und zu deine Hände auf die unteren Wirbelbereiche und auch auf die Nieren. Mache dies solange, bis du das Gefühl hast, dass es gut ist. Lass besonders viel rotes Licht in die Bereiche hineinfließen, in denen du beim »Lesen« Schmerz, Leiden, Dunkelheit wahrgenommen hast.

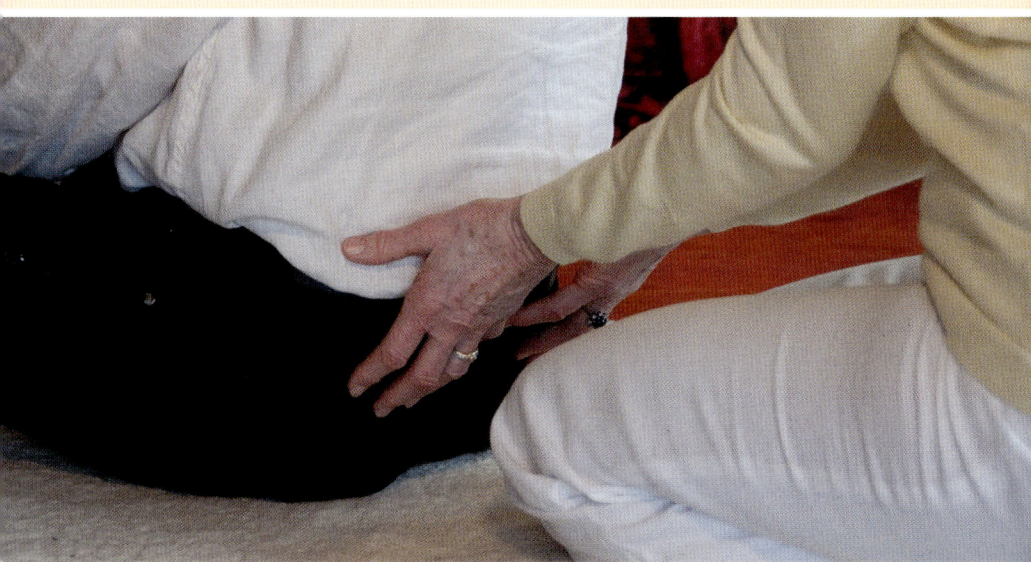

Wenn du ganz in deiner Herzenergie bist, lass heilende Sätze, gern auch Klänge, aus dir strömen. Sprich die Worte laut aus oder flüstere sie in sein / ihr Ohr.

Diese heilenden Worte oder Klänge kommen nicht aus deinem Verstand, sondern aus dem Herzen, deshalb müssen die Worte für dich keinen Sinn ergeben. Der andere wird sie verstehen.

Denke daran, zwischendurch immer wieder deine Handflächen nach oben zu halten und den göttlichen Segen zu erbitten.

2. Brustwirbelsäule

Hier verbindest du die Wirbel in beiden Richtungen mit dem rubinroten Licht der Erde und dem weißen, reinen kristallinen Licht der göttlichen Quelle.

Bringe das Gefühl der Dankbarkeit und Wertschätzung für die göttliche Quelle hervor, den Schöpfer allen Seins.

Geh mit deiner Aufmerksamkeit wieder ins Herz von Mutter Erde, bade deine Hände im Licht des rubinroten Kristalls und knüpfe strahlende, leuchtende, rote Stränge zu den Brustwirbeln.

Dann richte deine Hände hinauf zur göttlichen Quelle. Lade sie auf mit dem kristallinen Schöpferlicht und verknüpfe die Brustwirbel auch mit den kristallinen Perlensträngen der göttlichen Quelle. Lege deine Hände auf das hintere Herzchakra, rot und weiß verschmilzt zu rosa. Lass rosarotes Licht ins Herzchakra strömen.

Viel Licht in die belasteten, schmerzhaften Bereiche!

Sprich heilende Sätze aus dem Herzen oder töne.

3. Halswirbelsäule

Hier verbindest du die Wirbel in beiden Richtungen mit dem kristallinen Licht aus der göttlichen Quelle, mit dem du deine Hände vorher aufgeladen hast. Stell sie dir wie funkelnde weiße Perlenschnüre vor und lege dann die Hände auf je ein Himmelsfenster. Lass kristallines Licht in sie hineinströmen.

Sprich auch hier heilende Sätze aus dem Herzen und/oder töne. Zeichne nun zum Abschluss eine rechtsdrehende Spirale aus weißem kristallinen Licht aus der Erde die Wirbelsäule entlang, bis über das Kronenchakra hinaus, die nach oben immer ausladender wird. Danach könnt ihr die Rollen tauschen – der andere behandelt dann dich.

Anschließend beendet ihr die Übung.

Beide Beteiligten bitten darum, dass sich die Höheren Selbste wieder voneinander lösen, jeder atmet wieder mit seiner eigenen Pranaröhre und jeder ist wieder in seiner eigenen Energie zuhause. Bedankt euch dann bitte bei den Hathoren und den anderen Lichtwesen für ihre liebevolle Unterstützung.

Danach könnt ihr miteinander sprechen und euch über das, was wahrgenommen wurde, austauschen.

Wichtig!

Um zu verhindern, dass einer von euch etwas vom anderen über die Wirbelsäule ins eigene System aufnimmt, aktiviert mit Unterstützung von St. Germain bitte die Violette Flamme. Stellt euch in sie hinein und bittet darum, dass etwaige aufgenommene Fremdenergien ausgereinigt und in Licht umgewandelt werden, so dass du wieder ganz in deiner eigenen Kraft bist.

Danach:

Gebt euch Zeit, beobachtet, nehmt Veränderungen wahr. Möglicherweise fühlt ihr euch auch in den darauffolgenden Tagen etwas müde oder abgeschlagen, habt Muskelkater oder das Gefühl, schwer gearbeitet zu haben. Trinkt bitte viel klares Wasser, nehmt ein warmes basisches Bad oder eine Dusche und massiert euch – wenn ihr mögt, mit duftendem Lavendel-Körperöl.

Ihr könnt diese Übung so oft machen, wie es euch angenehm ist.

Ich selbst habe in der (bisher kurzen Zeit) an mir durch diese Übung sehr viel mehr innere Zentrierung erlebt, ein gestärktes Vertrauen, Freude und Zuversicht.

Manche Menschen erwarten, dass sie durch diese Methode sofort von ihren Rückenschmerzen befreit werden. Grundsätzlich gilt: Erwarte immer das Beste! Doch ich habe auch erfahren, dass Heilung eine eigene Logik und Weisheit innewohnt, die sich uns nach und nach erschließen mag, aber oft ganz anders verläuft, als wir es erwarten.

So hat beispielsweise eine Teilnehmerin durch diese Übung mitgeteilt bekommen, dass sich eine uralte Wunde, die sie »geheilt« glaubte, noch nicht geschlossen hatte. Sie bekam auch die geeignete Methode dazu, dies Trauma nun endlich abzuschließen. Andere wurden durch die Übung motiviert, ihre Paarprobleme in den Griff zu bekommen – und so geschieht bei jedem, was geschehen soll. Das muss nicht spektakulär sein, du musst nicht einmal etwas »sehen« oder körperlich spüren, wenngleich die meisten sich stark energetisiert fühlen, warm, ein Ganzkörperkribbeln spüren oder einfach tiefe Dankbarkeit. Manche bekommen beim Lesen in der Wirbelsäule Bilder über den anderen mitgeteilt, die der betreffenden Person die Augen über eine bestehende Blockade öffnen oder einfach die aktuelle »Baustelle« anzeigen. Heilung geschieht immer, wenn man offen und dazu bereit ist.

Nimm einfach wahr, beobachte, was sich in deinem Leben möglicherweise verändert.

3. Übung: Heilung durch die Energiequalitäten der Neuen Zeit

Die folgende Partnerübung, die man aber auch allein oder in einer Gruppe machen kann, ist deshalb so besonders, weil wir durch sie in hochschwingende Frequenzen eintauchen, die sich anders anfühlen als das, was wir kennen, und vielen von uns dennoch zutiefst vertraut sind. Wir laden die Energiequalitäten der hohen Dimensionen ein, stellen uns ihnen als Kanal zur Verfügung und geben sie an andere weiter. Dies ist ein Akt der Liebe und des Vertrauens.

Die Hathoren haben mir zu verstehen gegeben, dass alles, was wir zur Heilung benötigen, Mutter Erde und Vater Himmel für uns bereithalten. Die feinstoffliche irdische und kosmische »Medizin« ist ein Schatz, den jede Seele vor ihrer Inkarnation in ihrem riesigen Wissensspeicher trägt, doch hat sie es vergessen. Alles, was uns wirklich nachhaltig nährt und heilt, kommt von oben und von unten. Es sind dies in der Welt der Materie die Elemente, die Früchte, Pflanzen und »Naturheilmittel« der Erde. In der feinstofflichen Welt sind es die Elementarwesen und die Lichtwesen der Inneren Erde, aber auch die Kraft der Planeten, Sonnen, Gestirne, des Lichtes und die der geistigen Welt, der Engelwesen und Meister.

Der universelle Lebensstrom, der stetig von unten und oben in unserer Pranaröhre fließt, ist Träger dieser irdischen und kosmischen Energie. Er versorgt er uns mit allem, was wir brauchen, um gesund an Leib und Seele zu bleiben, wenn wir uns diesem Heilungsgeschenk nicht verschließen.

Das brauchst du dazu:

Decken oder Matten, eventuell ein Kissen

7 kleine vorbereitete Zettel pro Paar (oder für dich allein)

Schreibzeug

ein Körbchen oder eine Schachtel für die Zettel

entspannende Musik

Vorbereitung

Schreibe nun je eine Energiequalität auf deine Zettel und falte sie anschließend zusammen, so dass der andere nicht sehen kann, was darauf steht.

Zum Beispiel:

▲ *Energie von Mutter Erde*

▲ *Hathoren-Energie*

▲ *Energie der Neuen Erde / Paradies-Energie*

▲ *Energie der Blume des Lebens*

▲ *Venus-Energie*

▲ *ALLES umfassende Liebe*

▲ *Energie der galaktischen Urzentralsonne*

▲ *Delfin-Energie*

Such dir einen Partner oder eine Partnerin und entscheidet, wer behandelt und wer empfängt. Die empfangende Person setzt oder legt sich entspannt auf die Matte.

Verbindet euch mit dem rosaroten Herzensstrahl miteinander.

Bitte nun die empfangende Person, intuitiv einen Zettel auszuwählen, den sie dir zusammengefaltet, wie er ist, zurückgibt. Du liest ihn und lädst dich mit der entsprechenden Energie auf, ohne Auskunft darüber zu geben, worum es sich handelt. Öffne einfach dein Kronenchakra, öffne dein Herz und stell dich als Kanal zur Verfügung. Lade die jeweilige Kraft in dich ein und lass sie in dich einströmen.

Frage deinen Partner oder deine Partnerin, ob und falls ja wo er / sie gern berührt werden möchte. Sammle die Energie in deinem Herzen, lass sie von dort in deine Arme und Hände strömen und gib sie weiter. Dies kann 5 Minuten dauern oder auch länger. Vielleicht mag dein Gegenüber auch an mehreren Stellen berührt werden, vielleicht lässt du dich auch von deiner eigenen Intuition führen.

Tauscht dann in Stille die Rollen. Nun wählst du einen Zettel, gibst ihn zurück und so weiter.

Danach könnt ihr euch gern über eure Wahrnehmungen austauschen. Bitte verrate erst hinterher, was auf dem geheimnisvollen Zettel gestanden hat!

Erfahrungen

Diese Übung macht Menschen richtig glücklich und freudig erregt. Diejenigen, die sie ausprobiert haben, sind überrascht, mit welcher Zielstrebigkeit sie den genau für sich passenden Zettel ausgesucht haben und wie komplett unterschiedlich sich die jeweiligen Energien anfühlen.

Eine Teilnehmerin hat die Hathoren-Energie als unendlich liebevoll, leicht, freudig empfunden. Eine andere fühlte sich durch die Venus-Energie wie »in der Seelenheimat angekommen«.

Die Energie der Neuen Erde empfand jemand als friedlich, still und dennoch voller Bewegung und als etwas »sehr Neues«.

Berührt von der Kraft der Mutter Erde, kamen die meisten wieder »in ihre Mitte«, »auf ihren rechten Platz« zurück, und das Eintauchen in die allumfassende Liebe ließ Tränen fließen.

Tipp!

Wenn du die Übung für dich allein machen möchtest, dann zieh einen Zettel, lies ihn und lass dich ganz und gar von der gewählten Energie erfüllen. Lege dann deine Hände auf die Stellen, an denen dein Körper dich ruft.

Durch Freude heil werden

Die Hathoren lassen mich immer wieder erfahren, dass wir aus der Liebe und der Freude des Schöpfers kommen und dies tief in unserem Sein verankert ist, damit wir es auch leben.

Wir tragen schwer an unseren Inkarnationen, unseren Dramen, unserer Schuld und Scham. Die globalen Veränderungen ängstigen uns und lassen uns zweifeln. Wo ist da die Freude am Leben geblieben? Dabei ist es so einfach, sich zu freuen: über die kleinen und großen Geschenke und Überraschungen, die das Leben für uns bereithält. Über die Schönheit der Natur und die wärmende Sonne und die Menschen an unserer Seite, mit denen wir in Liebe und Freundschaft verbunden sind. Über unser Erwachen und die Erkenntnisse, die wir daraus gewinnen. Freuen wir uns an der immer deutlicher werdenden inneren Stimme, unserer Kommunikation mit der geistigen Welt und dem Kreativitätsschub, den wir erhalten. Freuen wir uns an den leuchtenden Sternenaugen der Kinder und ihrem Lachen und an der Süße der Früchte von Mutter Erde.

Es ist so schön, die Geschenke des Lebens anzunehmen. Die Freude in uns nicht zu erwecken, ist wie eine Lebensverweigerung.

Die Hathoren sagen: *»Vertraue, dass alles zu deinem höchsten Wohl geschieht, und lass dich entspannt in die Arme von Mutter Erde und Vater Himmel fallen. In deinem Vertrauen wirst du gesegnet sein!«*

In der nächsten Übung kannst du dein persönliches Heilungsmantra, deinen Heilungston entdecken, der deiner Seele entspringt und mit dem du mangelnde Balance, Schmerzen und Ängste in Freude verwandeln kannst.

Ich bin die Lebensfreude.
Ich wohne in deinem Herzen und
bin jederzeit bereit, mich übermütig
zu verströmen.
Deine dunklen Gedanken und
Ängste vertreiben mich nicht wirklich.
Ich bin das Kind in dir, die leichtfüßige
Tänzerin, der abenteuerlustige Narr.
Lebe sie, und ich werde dich zum
Lachen bringen.
(aus dem Hathoren-Kartendeck)

4. Übung: Lass deinen Heilungston erklingen

Schließe deine Augen. Atme tief und entspanne dich.

Wo in deinem Körper fühlt es sich gut an? Wo in deinem Körper sitzen Freude, Zuversicht, Hoffnung, freudige Erwartung oder einfach das Vertrauen, die Gelassenheit?

Wenn du gerade nichts von alldem wahrnehmen kannst, dann erinnere dich an eine Situation, die dich glücklich gestimmt hat …

Lege nun deine Hände auf den Ort deiner Freude oder richte einfach deine Aufmerksamkeit darauf.

Gibt es dafür einen Ton? Einen Klang? Ein Mantra, ein Wort, einen Satz?

Beginne nun, deinen Freudenton erklingen zu lassen, dein persönliches Heilungsmantra … immer wieder … und lass dies einige Minuten andauern …

Wo in deinem Körper hat sich die Angst festgesetzt? Der Schmerz? Die Mutlosigkeit, die Verzweiflung?

Lege deine Hände darauf und lass deinen Heilungston, deinen Glücks- und Freudenton erklingen, lege deine Hände oder deine Aufmerksamkeit auf die Stellen deines Körpers, die der Heilung bedürfen, und singe, töne, rufe ... Singe mit deinem Körper!

Wie lautet dein persönliches Heilungsmantra? Sprich es laut zu deinem Körper und behalte es in deiner Erinnerung.

Erweiterter Ablauf

Mach diese Übung regelmäßig, wann immer du in deine alten Muster zurückzufallen scheinst. Der Körper und sein Energiefeld sind träge und brauchen konstantes Training, bis eine »Umprogrammierung« erfolgreich abgeschlossen ist.

Und dann kehre zurück in deine Herzenergie ... und sieh die wunderschöne Blume des Lebens in dir strahlen. Nimm die hochschwingende kristalline Energie wahr und dehne sie mit jedem Atemzug aus, so dass du umgeben bist vom Feld der reinen, bedingungslosen Liebe und dem göttlichen Bewusstsein.

Dehne nun deine kristalline Blume des Lebens noch weiter aus, so dass die Erdkugel direkt in deinem Zentrum liegt und die Blume des Lebens sie wie ein funkelndes Kristallnetz umgibt. Kannst du Millionen von Lichtpunkten erkennen, die sich überall auf den Schnittstellen der Blume des Lebens angesiedelt haben? All dies sind Wesen, die göttliche Liebe, göttlichen Frieden und göttliches Bewusstsein bereits auf der Erde manifestiert haben. Auch du bist einer dieser strahlenden Lichtfunken.

Dehne dein kristallines Gitter der Blume des Lebens noch weiter aus, bis es alle Planeten, Sonnen und Galaxien umfasst, sich mit der Blume des Lebens des gesamten Universums vereint. Die gesamte Schöpfung ruht nun in deinem Herzen, so wie du im Herzen der Schöpfung ruhst. Du bist eins mit der Blume des Lebens der gesamten Schöpfung. Du bist vollkommen eins mit allem, was ist.

Komm dann, ganz sanft und in deiner Zeit, wieder in dein Tagesbewusstsein zurück.

Die grüngoldene Heilflamme

Während einer Meditation, in der ich mich mit den Hathoren verband, bat ich um eine Heilübung. Einem inneren Impuls folgend öffnete ich – ganz gegen meine Meditationsgewohnheit – die Augen, und mein Blick fiel auf meinen Kristall, der in die »Krone der Hathor« eingelegt ist und an meinem Fenster hängt. In diesem Hathoren-Kristall brach sich das Sonnenlicht auf ganz besondere Weise: Grüngoldenes Licht ballte sich wie einatmend zusammen und dehnte sich wie ausatmend in einem wahren Funkenzauber aus. Ich war wie gebannt von diesem Schauspiel und erhielt zugleich untenstehende Übung von den Hathoren.

Die Hathoren haben in der Tat eine sehr humorvolle Art, mich von meinen Illusionen und Vorstellungen, auf welche Weise ihre Botschaften mich erreichen sollen, zu befreien.

Zusätzlicher Tipp!

Die Kombination von grünem und goldenem Licht enthält eine starke Heilenergie für den physischen Körper und den Emotionalkörper. Die schöpferische Kraft des Herzens verbindet sich mit der göttlichen Liebesenergie. Ich nutze diese Energie auch bei Schmerzen, bei Kopfweh oder wenn eines meiner Kinder sich verletzt hat. Es hilft aber auch gegen Traurigkeit, Freudlosigkeit, Gereiztheit und Wut. Hierzu kannst du die Hände auf die Leber legen und grüngoldenes Licht in sie einströmen lassen.

5. Übung: Die grüngoldene Heilflamme für dich

Nimm tief in deinem Herzen die grüngoldene Flamme der Heilung wahr und entzünde sie, so dass ein wahres Freudenfeuer aus grüngoldenem Licht in deinem Herzen lodert. Du kannst es dir wie winzigkleine funkelnde Partikel vorstellen.

Atme ein, sauge das Licht ein, dass es sich zu einem grüngoldenen Lichtball verdichtet. Atme aus, das Licht dehnt sich aus wie ein Feuerwerk – und verteile es in deinem Körper.

Atme wieder ein, das Licht zieht sich zusammen. Atme wieder aus und verteile das grüngoldene Licht in deinem Körper. Es rauscht durch deine Zellen, und seine liebevolle, heilende Energie verströmt sich in *all* deinen Körpern.

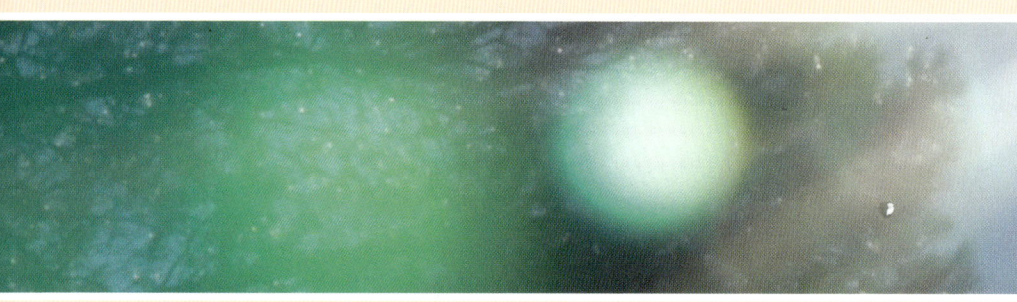

Ablauf der Übung mit Partner

Setze dich hinter den Rücken deines Partners / deiner Partnerin.
Trefft nun die Entscheidung, wer zuerst gibt und wer empfängt.
Verbindet euch mit dem rosaroten Herzensstrahl.
Der, der gibt, öffnet sein vorderes Herzchakra weit und aktiviert die grüngoldene Flamme im Herzen.

Atme ein, sauge das Licht ein, dass es sich zu einem grüngoldenen Lichtball verdichtet. Atme aus, das Licht dehnt sich aus wie ein Feuerwerk.

Lenke es in deine Arme und Hände und lege die Hände auf das hintere Herzchakra deines Gegenübers.

Verteile das grüngoldene Licht in dessen Körper; es rauscht durch seine Zellen, und die liebevolle, heilende Energie verströmt sich in all seinen Körpern.

Der Empfangende öffnet sein hinteres Herzchakra und entspannt sich einfach nur in Hingabe.

Danach könnt ihr die Rollen tauschen.

6. Übung: Das grüngoldene Elixier

Während eines Seminars, das ich zusammen mit meinen Freundinnen Jeanne Ruland und Shantidevi Felgenhauer gehalten habe, tauchten während einer herzöffnenden Hathoren-Übung plötzlich einige Hathoren auf. In ihren Händen hielten sie Kelche mit einer grüngoldenen Flüssigkeit. Da es sich bei dem Seminar um einen tiefgreifenden Transformationsprozess handelte, bei dem alte Fesseln abgestreift wurden und danach die Rückverbindung zum Göttlichen und ins Herz erfolgte, wunderte ich mich im Grunde nicht über das, was uns die Hathoren da reichten. Jeder durfte einen Kelch ergreifen und die grüngoldene Essenz achtsam trinken, denn sie würde den Heilungsprozess verstärken und gleichzeitig dem Ganzen die Schwere und Trauer nehmen. Es war einfach nur wundervoll, diesen Freudentrunk wie ein kostbares Elixier die Kehle hinunterrinnen zu lassen.

Schutz vor negativen kollektiven Einflüssen

Im Transformationsprozess sind alle Menschen großen Herausforderungen ausgesetzt. Unser Glaube an das, was wir bisher als »Sicherheit« erfahren haben, wird seit der Zeitenwende erschüttert. Nichts ist mehr so, wie es war, das einzig Sichere ist die bittere Wahrheit, dass sich alles stetig verändert. Der kollektive »Angstkörper« ist aktiver denn je: Die Menschen leiden unter Schmerzen und Befindlichkeitsstörungen, doch die Ärzte können nichts feststellen; das Klima spielt verrückt – so gab es vor einiger Zeit an einigen Birnbäumen Blüten und Früchte zugleich und der Flieder blühte mancherorts im Herbst. Naturkatastrophen häufen sich eklatant, und das Finanzsystem schwankt – die Menschen haben Angst um ihr Geld. Die Gier wird dadurch noch mehr angestachelt, und so treibt das Spekulantentum wahre Blüten.

Diejenigen, die nicht wissen, dass wir uns nach wie vor in einer Zeit der Großen Veränderung befinden, werden zunehmend unruhig, nervös, ängstlich oder »rasten aus« – um es mal umgangssprachlich auszudrücken. »Burnout« ist zur Zivilisationskrankheit Nr. 1 geworden – unsere Leistungsgesellschaft brennt sich gerade selbst aus. All dies hat eine tiefe Sinnhaftigkeit und zeigt uns, wie schnell sich doch die alte Welt verabschiedet.

Bei alldem sollten wir nicht vergessen, dass wir nicht nur selbst, sondern auch für das Kollektiv transformieren. Dies kann sehr unangenehme Begleiterscheinungen für uns haben, denn es raubt uns Lebensenergie, wenn wir uns nicht gut schützen. Wir merken es daran, dass wir depressive oder gereizte Stimmungen empfinden, die nicht die unsrigen sind. Oder dass wir extrem müde werden, wenn wir mit bestimmten Menschen zusammen sind.

Ich habe die Hathoren gebeten, uns mitzuteilen, wie wir uns schützen können, und sie haben mir das Bild der grün-silbern-goldenen Schutzblase gezeigt.

Die Farbe Grün wird aus dem Herzen erzeugt und enthält die Energie der Heilung und Entspannung. Silber wird uns von unserer himmlischen Seele Ba geschenkt. Es ist die Gnadenenergie, das weibliche, empfangende Prinzip, die Mondin. Es ist Teil des weißgoldenen Lichts und schützt vor Viren, Bakterien und Giften (auch feinstofflicher Natur wie »Gedankengifte«), es beruhigt unser Nervensystem und bringt uns in die Balance und unseren inneren Frieden. Gold wird aus der göttlichen Quelle über uns ausgeschüttet, es enthält die Liebe des Schöpfers, das männliche Prinzip und die Energie der Sonne. Gold vitalisiert all unsere Körper.

Die Hathoren raten uns, diese Schutzhülle auch um unser Haus zu legen. Dabei wird das grüne Licht aus dem »Herzen des Hauses« heraus erschaffen – dem schönsten, wichtigsten, kommunikativsten oder gemütlichsten Raum.

Ich habe die Hathoren gefragt, ob wir diese Schutzhülle auch um die Erde legen dürfen. Daraufhin haben sie mir nahegelegt, die Erde vorher um Erlaubnis zu bitten, da so viele wohlmeinende Menschen geometrische Formen, platonische Körper, Farben oder sonstige Energien per Gedankenkraft um den Planeten herum erzeugen und dabei nicht beachten, dass die Blaupause der Neuen Erde dem perfekten Plan entspricht und somit bereits vorhanden ist.

7. Übung: Erschaffung der grün-silbern-goldenen Schutzhülle

Stell oder setz dich bequem hin. Atme entspannt in deinen Körper. Richte deine Aufmerksamkeit auf deinen Herzensraum und stell dir dort ein strahlendes grünes Licht vor, das sich mit dem Ausatmen in deinem ganzen Körper ausdehnt.

Erzeuge Dankbarkeit und Wertschätzung für deine Seele Ba (s. das Buch »Lichtmedizin«) und bitte sie um das silberne Licht. Nimm wahr, wie es sich um das grüne Licht herum verteilt.

In Liebe und Dankbarkeit bittest du nun die göttliche Quelle um das goldene Licht. Spüre, wie göttliche Liebe und göttlicher Segen über dich ausgeschüttet werden und eine goldene Lichtblase sich um die silberne legt.

Die dreifarbige Energieschutzhülle ist schnell aufgebaut und schützt dich Tag und Nacht. Die Hathoren raten uns, sie jeden Morgen vor oder nach dem Aufstehen zu erschaffen.

Wenn du möchtest, schütze jetzt dein Haus oder deine Wohnung damit.

DNS-Meditation für den
galaktischen Menschen

Unser Zellbewusstsein ist intelligent und reagiert auf reine Absicht, die noch verstärkt wird, wenn sie laut ausgesprochen wird und der Körper sie »hört«. Im feinstofflichen Bereich unserer DNS hat der Schöpfer seine Signatur hinterlassen, die aus Liebe, Licht und Bewusstsein besteht. Dies ist die Ursprungsenergie unserer Zellen. Nun ist unser Zellgedächtnis durch die oft schmerzhaften Erfahrungen vieler Leben verdunkelt, dicht, als habe sich ein Schleier der Illusion davor gezogen. Dimensionswechsel bedeutet Erwachen und Sicherinnern, dass wir wundervolle göttliche Wesen sind, die nie wirklich von der Einheit getrennt waren.

Wenn wir durch das große Sternentor schreiten, dann müssen wir zuvor alle irdischen Kleider ablegen, um unsere leichten, strahlenden Lichtgewänder in Empfang zu nehmen. Das bedeutet Loslassen, vertrauensvolle Hingabe und Neubeginn.

Mit dieser DNS-Meditation kannst du dir den Prozess noch einmal bewusst machen und ihn beschleunigen, indem du dir selbst deine Bereitschaft dazu gibst.

8. Übung: DNS-Meditation

Setze dich aufrecht hin, schließ deine Augen und entspanne dich mit ein paar tiefen Atemzügen.

Nimm deinen Körper wahr und richte deine Aufmerksamkeit auf deine Körperzellen.

Sprich dann folgende Sätze laut und aus dem Herzen heraus:

»Ich löse bewusst alle Bindungen an astrale Dimension und lass damit alle Illusionen los, die ich in diesem und früheren Leben zu mir eingeladen habe.«

»Ich löse mich von allen vorgefassten Meinungen, Erwartungen, Wünschen, Träumen und Sehnsüchten von einer Neuen Erde, die in Wahrheit nur meine menschlichen Ängste und Zweifel verschleiern.«

»Ich lösche alle fremdbestimmenden Energien, die mich daran hindern, die Schwingung von vollkommener Gesundheit in all meinen Körpern zu halten.«

»Ich löse mich bewusst von den Gedanken, Gefühlen und Handlungen des Getrenntseins von der göttlichen Quelle.«

Mach eine kleine Pause und stell dir vor, dass all dies aus deinem Zellbewusstsein gelöscht wird und reines göttliches Licht in ihnen strahlt.

Konzentriere dich nun wieder auf deine DNS und sprich mit der Intelligenz deiner Körperzellen:

»Ich verbinde mich in reiner göttlicher Liebe mit allen Menschen, Tieren, Pflanzen, Mineralien, mit der Schöpfung auf der Erde und im gesamten Universum.«

»Ich denke, fühle und handle ausschließlich aus dem Herzen heraus.«

»Wenn ich fühle, dass der rechte Moment gekommen ist, lass ich alle gelernten Methoden und Techniken los und bin in der absoluten Hingabe.«

»Ich verankere die vollkommene göttliche Matrix in all meinen Körpern.«

»Ich bin eins mit der vollkommenen Schwingung von Gesundheit.«

»Ich aktiviere die goldene Spirale in mir, mit der ich in andere Dimensionen reisen kann.«

»Ich bin offen und bereit für die freudvolle Energie der Neuen Erde und heiße sie in meinem Leben willkommen.«

Nimm das Licht in deinen Zellen wahr und öffne dich ganz weit. Dehne dich aus, schaffe Raum, damit das Neue sich in dir und in deinem Leben verankern kann.

Heilkraft aus dem
Inneren der Erde

Merkwürdige Dinge geschehen: Ich werde innerhalb kurzer Zeit unabhängig voneinander von zwei hellsichtigen Frauen, die mit den Hathoren verbunden sind, aufgefordert, mich um meine Beine zu kümmern, die mir in einer ägyptischen Inkarnation anscheinend gebrochen worden waren. In der Tat schmerzten mich meine Unterschenkel und Füße häufiger auf vielfältige Weise, und es schien mir bereits so, als müssten sie wehtun, damit ich sie endlich bewusst wahrnehmen konnte.

Mir wurde in Aussicht gestellt, nach der Heilung eine noch intensivere Beziehung zur Erde zu bekommen. Ich begab mich also in Meditation, in der ich unter anderem gesagt bekam, dass ich über meine geheilten Beine und Füße Informationen aus der Inneren Erde erhalten würde.

Ich begann mit verschiedenen hathorischen Heiltechniken zu arbeiten und hoffte, damit Erfolg zu haben. Ich arbeitete vorwiegend mit dem grüngoldenen Licht.

Ein paar Tage später verband ich mich wieder mit den Hathoren und erlebte etwas sehr Überraschendes. Ich wurde über einen goldenen Tunnel ins Innere der Erde geführt und betrat dort einen anderen »Raum«, hochschwingende Dimensionen in mehreren Schichten. Es kam mir wie eine Anderswelt vor, eine Erde in der Erde, mit silbernen Sonnen und Monden, Meeren, Flüssen, Bäumen, Pflanzen, Tieren, Lichtwesen und menschenähnlichen Geschöpfen. Ich erlebte eine wunderschöne Natur, und alles darin befand sich im Einklang mit der Schöpfung. Es war paradiesisch. Doch plötzlich erblickte ich ganz viele Kinder, Jungen und Mädchen, letztere zum Teil mit blutverschmierten Kleidchen. Man kümmerte sich liebevoll um sie, Heiler und Heilerinnen behandelten sie mit Farben und Licht, mit Klängen, Worten und kristalliner Energie. Manche Kinder befanden sich in einem tiefen Heilschlaf.

Mir wurde gesagt, dass hier die Kinder hergebracht werden, die in diesem oder vergangenen Leben missbraucht oder misshandelt wurden und eines gewaltsamen Todes gestorben waren. Auf meine Frage, warum sie nicht auf der Engelebene oder in den Hallen der Regeneration, also außerhalb der Erde geheilt werden, lautete die Antwort:

»Sie haben durch ihr Schicksal alles Urvertrauen verloren, und wer, wenn nicht der Schoß von Mutter Erde, könnte es ihnen zurückgeben? Sie brauchen dieses Urvertrauen wieder, damit sie erneut inkarnieren und unbelastet und vertrauensvoll ihr Menschsein auf der Neuen Erde annehmen können.«

Ich war zutiefst berührt von dieser Botschaft. Im Nachhinein fragte ich mich jedoch, was ausgerechnet die Hathoren mit der Inneren Erde zu schaffen haben? Dann erfuhr ich, dass viele Venusier und Lemurier sich dorthin zurückgezogen haben und auch Lord Sanat Kumara, der venusische Aufgestiegene Meister und Hüter der Erde, das Reich Shambhala ins Innere der Erde gebracht haben soll. Wir wissen ja, dass die Hathoren in den ätherischen venusischen Gefilden weilen und auch in Lemurien gewirkt haben. So ergab all dies viel Sinn für mich, und ich fühlte mich reich beschenkt.

Wenige Tage später entstand dann folgende Meditation, durch die wir bereits jetzt Heilung unseres verletzten inneren Kindes im Bauch von Mutter Erde erfahren können.

Wichtig!

Es ist ratsam, sich diese Meditation langsam vorlesen zu lassen, mit vielen, längeren Pausen dazwischen.

9. Übung: Heilung der Kinder im Inneren der Erde

Mach es dir bequem. Du kannst dich hinlegen oder hinsetzen, so wie du möchtest. Schließe deine Augen und entspanne dich mit ein paar tiefen Atemzügen. Spüre die Erde unter dir und sende Liebe und Dankbarkeit direkt ins Herz von Mutter Erde.

Während du deinen Atem beobachtest, gib deinen Körper ab in die liebevollen Hände von Mutter Erde, die dich sicher und geborgen trägt.

Spüre nun in dich hinein, ob es ungeheilte Wunden, Verletzungen und Schmerzen gibt, die du in deiner Kindheit erfahren hast und die dazu geführt haben, dass du vorübergehend das Gefühl hattest oder noch hast, niemandem mehr vertrauen zu können. Möglicherweise hast du dein Herz verschlossen, dich einsam und unverstanden gefühlt. Häufig kommt es auch vor, dass dieser Schmerz aus einem früheren Leben herrührt und nun zur endgültigen Heilung an die Oberfläche drängt ...

Längere Pause

Suche dir nun einen Platz in der Natur. Vielleicht lädt dich eine saftige Wiese ein oder der Wald, oder du findest eine Stelle am Wasser, die dich anzieht ...

Bitte Mutter Erde darum, dich liebevoll in ihren Schoß aufzunehmen, um wieder Urvertrauen auf allen Ebenen zu erfahren.

Setze dich dort auf den Boden und visualisiere eine goldene, rechtsdrehende Spirale, die dich vollständig umgibt.

Stell dir vor, wie sich unter dir langsam die Erde öffnet und du in deiner Spirale sanft nach unten ins Innere der Erde schwebst. Die Spirale dreht sich immer schneller, und dennoch bleibt dein Körper ganz stabil und unbewegt. Die Öffnung, die zur Inneren Erde führt, ist das Tor in feinstoffliche, hochschwingende Dimensionen, die im Austausch mit dem physischen Körper unseres Planeten stehen. Während dieser Reise wird dein Körper auf sanfte Weise auf diese höhere Frequenz eingeschwungen ...

Pause

Geweckt von wunderschönen Klängen ist dein Geist nun wieder wach und aufmerksam, denn du bist angekommen, betrittst eine völlig neue Welt. Schau dich um in diesem herrlichen Garten, betrachte die Natur, den Himmel, die Tiere, Pflanzen und Menschen um dich herum.

Pause

Du bist nun zwischen den Dimensionen und direkt im Herzen von Mutter Erde. Kannst du die Schönheit sehen, die Harmonie und Liebe fühlen, die diese hochentwickelte Zivilisation hier geschaffen hat?

Du wirst von liebevollen Wesen willkommen geheißen. Es sind lichtvolle Heiler und Heilerinnen, die alle von Gaia ausgebildet und berufen sind, die körperlichen und seelischen Wunden deiner Kindheit zu heilen. Sie bitten dich, selbst zu wählen, von dem du betreut werden möchtest. Folge dabei deinem Gefühl.

Pause

Es gibt viele unterschiedliche Heilmethoden, deren sie mächtig sind, und die meisten davon hast du oberhalb der Erde noch nie erfahren. Vielleicht wirst du nun in einen Heilungstempel begleitet, oder du darfst es dir in der Natur bequem machen.

Lege dich deshalb vertrauensvoll auf eine Liege und lass einfach geschehen, was geschehen soll. Das Einzige, was du machen sollst, ist dein Herz zu öffnen, so weit, wie es dir möglich ist. Alles andere überlasse nun den von dir ausgewählten Heiler oder Heilerinnen.

Vielleicht arbeiten sie mit Klängen oder Lichtfrequenzen, mit Kristallen, Farben oder Pflanzenschwingungen. Vielleicht wirst du auch in einen Heilschlaf versetzt. Nimm einfach wahr, was mit dir geschieht. Lass dich fallen, entspanne, atme lang und tief ... vertraue ...

Längere Pause

Du wirst nun gebeten, vorsichtig aufzustehen und in die Mitte eines riesigen Steinkreises zu treten, der aus funkelnden Kristallen besteht.

Viele Kinder, Heiler und Heilerinnen stehen im Kreis um dich herum und halten ihre offenen Handflächen in deine Richtung.

Eine warme, lebendige rotgoldene Energie strömt wie eine Welle aus der Erde in deinen Körper und erfüllt dich mit Ruhe und Kraft. Sodann materialisiert eine wunderschöne Frau, jung und alt zugleich. Es ist Gaia, die Hüterin der Erde. Mit unendlicher Liebe schaut sie dich an und breitet ihre Arme aus, wie eine Mutter, die ihr Kind umarmen möchte. Laufe in ihre Arme und lass dich umschließen, umfangen, wiegen und trösten ...

Pause

Gaia gibt dir den Mut und die Kraft zurück, deiner Aufgabe auf der Erde gerecht zu werden, das zu tun, wofür du geboren wurdest, in Liebe und Vertrauen. Du bist allezeit geschützt und in Sicherheit, und dich umfängt eine Geborgenheit, die dir nur die Erde geben kann. In diesem wiedergewonnenen Urvertrauen schenkst du Gaia, was sie braucht, um die Neue Erde friedlich und schmerzlos zu gebären: Liebe und Achtsamkeit, Dankbarkeit und Wertschätzung.
Gaia überreicht dir jetzt noch ein Geschenk, das du mit hinauf nehmen darfst, es soll dich immer an deine Reise und Heilung in der Inneren Erde erinnern.

Pause

Verabschiede dich nun von allen auf deine Weise.
Deine Reisespirale umgibt dich, und linksdrehend windet sie sich nach oben. Die Welt der Inneren Erde wird immer kleiner, und irgendwann kommst du wieder an der Oberfläche an, in der Natur, an dem Ort, von dem aus du deine Reise begonnen hast.
Bitte dein Höheres Selbst, deine Schwingung wieder auf die Frequenz zu bringen, die ein angenehmes Körpergefühl in dir hinterlässt.
Öffne dann langsam deine Augen.

Tipp!

Falls du diese Meditation für andere anleitest, gehe davon aus, dass das Zurückkommen ins Hier und Jetzt viel Zeit in Anspruch nehmen kann. Nach meiner Erfahrung brauchen die Menschen danach Ruhe und Stille. Am besten ist es, wenn man danach gleich einschlafen kann.

Wichtig!

Ich habe, was die Heilmethoden anbelangt, ganz bewusst keine oder nur wenig Vorgaben gemacht, da die Hathoren der Meinung sind, dass wir mithilfe unseres cleveren Verstandes gern auf das Altbewährte, Gewohnte zurückgreifen – womit sie sicher recht haben.

In der Inneren Erde gibt es offensichtlich eine Art von Heilung, die uns noch nicht bekannt ist, die uns aber durch die Bücher des alten Wissens, die nun aufgeschlagen werden, wieder zugänglich gemacht werden sollen. Es gibt schon jetzt reine »Kanäle« in menschlicher Gestalt, die damit arbeiten, das meiste übersteigt aber noch das Vorstellungsvermögen des Kollektivs. Allerdings gibt es immer mehr mutige Pioniere, die die alten Pfade verlassen und neue Wege gehen. Ich bin sehr gespannt darauf. Es ist ALLES möglich!

Marions Bericht

Ich mache (fast) jeden Morgen eine Meditation mit dem weißen Licht und höre dazu die CD »Ascension Codes« von Tom Kenyon. Dabei bitte ich meine geistigen Helfer und vor allem die Hathoren immer, mich auch an diesem Tag zu führen und zu unterstützen.

Es ist ein wundervolles Gefühl, mich mit der Energie der Hathoren zu umge-

ben: für meinen Körper fremd, aber für meine Seele wie Heimat. Durch die Hathoren-Energie habe ich zum ersten Mal meine wahre Größe gespürt. Ich bin ja nur 1,57 m groß, aber wenn ich mich in meine Seelenenergie ausdehne, fühle ich mich wie Alles-was-ist. Ich bin dann auf der Erde, in der Erde, und die Erde ist in mir, ich halte sie in meinen Händen. Das ist ein Gefühl, das ich gar nicht beschreiben kann ... Dafür fehlen mir einfach die Worte. Die Klänge der CD berühren mich jeden Morgen aufs Neue, so als höre ich sie gerade zum ersten Mal.

Als ich heute in Meditation ging, wurde ich sofort durch meinen eigenen wundervollen Lichtkanal in das große rote Herz von Mutter Erde gezogen – ein Raum wie in einer Kathedrale. Bevor ich aussprechen konnte, was ich auf dem Herzen habe, wurde mir eine schwere, schmerzende Kugel aus meinem Solarplexus gehoben. Viele Hände trugen sie, setzten sie wie eine Kostbarkeit in eine Schale, die in der Mitte eines lichtdurchfluteten Raumes stand. Die Energien der Wesen setzten sich um die Schale. Sie hoben einen Gesang an, der die Kugel immer mehr heilte, und zum Schluss lag da ein wunderschöner Kristall. Diesen legten sie mir in meinen Bauch. Jetzt fühlte sich alles in meinem Bauch leicht und schmerzfrei an.

Ich wurde weiter gezogen, durch einen Gesang von Delfinen und Walen. Ich sah sie nicht, ich hörte sie nur. Ich spürte, wie durch den Gesang mein Unterleib und mein Herz in Resonanz gingen. Der alte, gespeicherte Schmerz (ich wusste nicht, dass noch so viel davon da ist) des Missbrauchs wurde von den Gesängen gewiegt. Mein Körper, der Unterleib, fing an sich zu bewegen – wie in einer liegenden Acht. Nach einer langen Weile hörte der Gesang auf, und ich spürte in mich hinein: Da war tiefe Ruhe!

Seit meiner Kindheit weiß ich, dass ich auf die Erde gekommen bin, um alle Kinder dieser Erde zu heilen. Mein Gefühl sagt mir, dass ich jetzt immer mehr damit beginne, diese Aufgabe zu erfüllen – indem ich mich selbst heile.

Schon als Kind habe ich die Hathoren gefühlt. Ich hatte damals natürlich noch nicht den Namen dafür, aber sie kitzelten mich immer. Es ist so toll, dass wir jetzt mit ihnen »arbeiten« dürfen. Ich merke, dass dadurch immer mehr die Schwere aus meinem Körper weichen darf und dafür immer mehr Leichtigkeit und Lebensfreude bei mir einziehen kann. Meine Sinne öffnen sich für das Wunder des Lebens, die Natur, alle Lebewesen auf unserer wunderschönen Erde und unsere Sternengeschwister, je mehr ich mein Herz in Liebe und Dankbarkeit öffnen kann.

Immer dann, wenn wir uns selbst heilen, heilen wir die Wunden aller anderen Wesen mit. Wir speisen die Heilfrequenzen in das große Netz des Eins-Seins ein, und explosionsartig strömt die Energie mäandernd dorthin, wo sie benötigt wird. Natürlich können wir anderen Menschen nicht ihr Leid abnehmen, aber wir können ihnen helfen, es zu lindern, indem wir als Pioniere vorangehen.

Bevor wir groß angelegte Erdheilungen angehen, sollten wir uns erst um unsere eigenen emotionalen Blessuren kümmern. Meist werden diese in den dunklen Sümpfen des Verdrängens und Vergessens gelagert, aber irgendwann ist der Druck zu groß. Wie Flaschen, deren Korken sich durch zu starke Gärprozesse plötzlich lockern, schießen sie an die Oberfläche, und der gesamte stinkende Inhalt zeigt sich gnadenlos – gnadenvoll.

Die Heilung unseres eigenen Herzen ist das größte Geschenk an unseren wunderschönen Planeten. Dieser lebendige Organismus leidet unter den Verletzungen, die wir ihm durch mangelnde Wertschätzung und Nichtachtung zugefügt haben. Wenn die Ströme der Liebe in unseren Herzen wieder ungehindert fließen können, erreichen sie auch das Herz von Mutter Erde. Aus dieser Liebe entsteht Bewusstsein, Mitgefühl, die Fähigkeiten zu heilen und zu segnen. All diese Qualitäten können wir dann in unserem Umgang mit der Schöpfung nutzen.

In der folgenden Meditation reist du wieder ins Innere der Erde, um erst dein Herz und dann das Herz der Erde zu heilen.

Wichtig!

Es ist ratsam, sich diese Meditation langsam vorlesen zu lassen, mit vielen, längeren Pausen dazwischen.

10. Übung: Das eigene Herz heilen, um das Herz der Erde zu heilen

Mach es dir bequem. Du kannst dich hinlegen oder hinsetzen, so wie du möchtest. Schließe deine Augen und entspanne dich mit ein paar tiefen Atemzügen. Spüre die Erde unter dir und sende Liebe und Dankbarkeit direkt ins Herz von Mutter Erde.

Während du deinen Atem beobachtest, gib deinen Körper ab in die liebevollen Hände von Mutter Erde, die dich sicher und geborgen trägt.

Such dir nun einen Platz in der Natur. Vielleicht lädt dich eine saftige Wiese ein oder eine Waldlichtung, oder du findest eine Stelle am Wasser, die dich anzieht ...

Bitte Mutter Erde darum, dich liebevoll in ihren Schoß aufzunehmen, um Heilung deines Herzens zu erfahren.

Setze dich dort auf den Boden und visualisiere eine goldene, rechtsdrehende Spirale, die dich vollständig umgibt.

Stell dir vor, wie sich unter dir langsam die Erde öffnet und du in deiner Spirale sanft nach unten ins Innere der Erde schwebst. Die Spirale dreht sich immer schneller, und dennoch bleibt dein Körper ganz stabil und unbewegt. Die Öffnung, die zur Inneren Erde führt, ist das Tor in feinstoffliche, hochschwingende Dimensionen, die im Austausch mit dem physischen Körper unseres Planeten stehen. Während dieser Reise wird dein Körper auf sanfte Weise auf diese höhere Frequenz eingeschwungen ...

Pause

Geweckt von wunderschönen Klängen ist dein Geist nun wieder wach und aufmerksam, denn du bist angekommen, betrittst eine völlig neue Welt. Schau dich um in diesem herrlichen Garten, betrachte die Natur, den Himmel, die Tiere, Pflanzen und Menschen um dich herum.

Du hast einen neuen Raum betreten, zwischen den Dimensionen im Inneren der Erde. Hier hast du die Möglichkeit, die Wunden deines Herzens zu heilen. Mit deiner Bereitschaft und Zustimmung, dies geschehen zu lassen, erfährt auch das verwundete Herz von Mutter Erde Heilung. Gleichzeitig entstehen im großen interdimensionalen Seelennetz Heilschwingungen, die alle Geschöpfe für ihre eigene Herzöffnung und Heilung nutzen können. Alles, was du für dich tust, hat Auswirkungen auf das große Ganze.

Sei dir bewusst, dass viele Schmerzen der Liebe in diesem und aus anderen Leben nicht nur im Herzen, sondern vor allem auch im Bereich deines Solarplexus gespeichert sind. Deshalb sprechen wir vom »solaren Zentrum« – dies ist der gesamte Bereich zwischen Thymusdrüse und Solarplexus ...

Du wirst nun von liebevollen Wesen willkommen geheißen. Es sind lichtvolle Heiler und Heilerinnen, Engel und Lichtwesen, die bereit sind, dich in deinem Genesungsprozess zu unterstützen.

Möglicherweise wirst du in einen Tempel geführt oder darfst es dir in der Natur, an einem geschützten Platz, bequem machen.

Spüre in dein solares Zentrum, in dein Herz und in deinen Solarplexus hinein, öffne es so weit, wie es dir möglich ist, und werde dir für einen Moment all der Verletzungen bewusst, die durch mangelnde Liebe oder fehlende Selbstliebe entstanden sind. Situationen von Schuld und Scham, unerwiderter Liebe, Liebe, durch die du dich aufgegeben oder sogar verraten hast, unerfüllte Bedürfnisse nach Zärtlichkeit und Verständnis. Das Gefühl, nicht gewollt zu sein, gesehen zu werden, wichtig zu sein für andere.

Wunden, die du dir selbst zugefügt hast, durch mangelnde Selbstachtung, Selbsthass, Ablehnung deines Körpers, Widerstand gegen deinen Seelenplan.

Sei dir all dieser Gefühle bewusst, umarme sie, umarme dich, vergib dir und vergib allen anderen, die dir Schmerzen zugefügt haben, willentlich oder durch liebloses, gedankenloses Verhalten ...

Pause

Die Lichtwesen und Heiler der Inneren Erde treten nun zu dir und beginnen mit ihrer Heilarbeit.

Lass einfach geschehen, was geschehen soll. Das Einzige, was du machen sollst, ist dein solares Zentrum und dein Herz zu öffnen, so weit, wie es dir möglich ist. Sei einfach nur in der Hingabe ...

Vielleicht arbeiten sie mit Klängen oder Lichtfrequenzen, mit Kristallen, Farben oder Pflanzenschwingungen. Vielleicht wirst du auch in einen Heilschlaf versetzt. Nimm einfach wahr, was nun mit dir geschieht. Lass dich fallen, entspanne, atme lang und tief ... vertraue ...

Längere Pause

Du wirst nun gebeten, vorsichtig aufzustehen. Die Heiler und Lichtwesen begleiten dich zu Gaia, der Hüterin von Mutter Erde, und zum Herzen der Erde.

Du wirst in eine riesige Höhle geführt, in deren Mitte ein mächtiger rotgoldener Kristall rotiert. Pulsierend, als ob Blut in seinen Adern fließen würde.

Eine warme, lebendige rotgoldene Energie strömt nun wie eine Welle aus der Erde in deinen Körper und erfüllt dich mit Ruhe und Kraft. Sogleich materialisiert eine wunderschöne Frau, jung und alt gleichzeitig. Es ist Gaia, Mit unendlicher Liebe schaut sie dich an und breitet ihre Arme aus, umarmt dich liebevoll.

Frage Mutter Erde nun, was ihre größten Wunden sind, die die Menschen ihr zugefügt haben? Was antwortet sie dir?

Richte deine Hände auf den Kristall, auf das lebendige Herz der Erde, und teile die Schwingung der Liebe mit ihr. Die Liebeskraft deines geöffneten, geheilten Herzens strömt nun in ihr Herz, und ihre Wunden beginnen sich zu schließen.

Atme die friedvolle, dankbare, zutiefst wertschätzende Liebesenergie deines Herzen ins Herz der Erde hinein. Gib ihr auf diese Weise zurück, was du an Geschenken bereits erhalten hast. Tröste sie, streichle sie, singe für sie – bis du das Gefühl hast, dass der Heilungsprozess beendet ist ...

Pause

Gaia überreicht dir noch ein Geschenk, das du mit hinauf nehmen darfst, es soll dich immer an diese Reise erinnern.

Verabschiede dich nun von allen auf deine Weise.

Deine Reisespirale umgibt dich, und linksdrehend windet sie sich nach oben. Die Welt der Inneren Erde wird immer kleiner, und irgendwann kommst du wieder an der Oberfläche an, in der Natur, an dem Ort, von dem aus du deine Reise begonnen hast.

Bitte nun dein Höheres Selbst, deine Schwingung wieder auf die Frequenz zu bringen, die ein angenehmes Körpergefühl in dir hinterlässt.

Öffne dann langsam deine Augen.

11. Übung: Freude atmen –
die Feuerwesen der Inneren Erde

Die Hathoren führten mich zu den Feuerwesen, die ich als sehr freudvoll wahrnahm. Sie kommen aus dem Herzfeuer der Erde und senden uns ihr Feuer direkt durch unsere Pranaröhre. Ich nehme die Feuerwesen als eher schemenhafte, flammende, stetig flackernde Energie wahr – wie Feuergeister, die ihre Form immer wieder ändern. Andere Menschen erlebten sie als kleine, fröhliche Drachen – auch da gibt es kein Falsch oder Richtig in der Wahrnehmung.

Die Feuerwesen sprechen:

»Unser Feuer bringt die Kälte in euren Herzen zum Schmelzen und schenkt euch Freude, die euer Herz aus dem tiefen Seelenwinterschlaf holt und euch wieder mit der Erde verbindet. Diese Freude vertreibt die Schwere und Dunkelheit in euch und hilft euch, mit mehr Leichtigkeit, Vertrauen und Begeisterung durch den Dimensionswechsel zu tanzen. Es ist das kühle, heilige Feuer der Lebendigkeit und der Erneuerung, und es vertreibt die Erschöpfung des Aufstiegsprozesses.«

Ablauf der Übung

Stell dir deine Pranaröhre vor und lass sie nach unten wachsen, bis tief ins Herz der Erde. Dort funkelt ein rubinroter Kristall im ewigen Erdfeuer, den die Feuerwesen hüten. Rufe nun die Feuerwesen, bis sie sich dir zeigen. Bitte sie um Unterstützung.

Atme nun das Herzfeuer der Erde durch deine untere Pranaröhre ein, ziehe es in dein Herz.

Halte kurz den Atem an und atme es in all deine Körper aus.

Lass deinen Atem sanft »ausklingen«, in dem du ganz kurze Zeit ohne Atem bleibst, bevor du erneut einatmest.

Mach dies etwa 5 bis 10 Minuten lang und bedanke dich dann bei den Feuerwesen.

Es gibt im Inneren der Erde mehrere Dimensionen, man kann sie sich wie Räume vorstellen, die ineinander übergehen und ineinander wirken, wobei jeder Raum ein anderes Schwingungsmuster hat.

Den »Raum der Stille« zeigen mir die Hathoren wie einen silbernen Streifen, der sich ausdehnt, wenn man ihn betreten hat. Das silberne Licht ist nicht etwa gleißend hell, sondern eher matt metallisch. Es beruhigt und regeneriert unsere Nervenzellen, stabilisiert und enthält lunare, weibliche Kräfte, die uns ins Fühlen und Fließen bringen, eine tiefe Ruhe ausstrahlen und uns wieder mit unserer »Mondenergie« verbinden. Das Licht stärkt außerdem unsere Aufstiegs-Meisterdrüsen Zirbeldrüse und Hypophyse.

Auf der materiellen Ebene wirkt Silber (beispielsweise in kolloidaler Form) immunstärkend, außerdem ist es ein gutes Mittel gegen Viren und schädliche Bakterien – sozusagen ein natürliches Antibiotikum. In der Homöopathie wird Silber *(Argentum nitricum)* übrigens auch zur Beruhigung des zentralen und vegetativen Nervensystems und gegen bestimmte Ängste eingesetzt! Das hat mich im Nachhinein in meiner Wahrnehmung bestärkt, denn ich war ehrlich gesagt sehr überrascht, als ich ins Silberlicht geführt wurde, ich hätte mir eher einen dunkelvioletten oder blauschwarzen Raum vorgestellt. Doch nachdem ich in Meditation gegangen bin, habe ich die wohltuende Wirkung in all meinen Körpern spüren können.

Das Eintauchen in diesen Raum, in diesen Silberstreif, ist wirkungsvoller als ein Mittagsschlaf, weil die Erholung auf einer ganz anderen, höheren Schwingungsebene stattfindet.

Das Schöne ist: Man muss wieder mal nichts anderes tun, als sich der Energie hingeben und sie wirken lassen.

Ablauf der Übung

Setze oder lege dich entspannt hin und atme lang und tief.

Such dir in echt oder in deiner Vorstellung einen Platz in der Natur. Setze dich dort auf den Boden und visualisiere eine goldene, rechtsdrehende Spirale, die dich vollständig umgibt.

Stell dir nun vor, wie sich unter dir langsam die Erde öffnet und du in deiner Spirale sanft nach unten schwebst, durch einen strahlend hellen goldenen Lichttunnel ins Innere der Erde. Die Spirale dreht sich immer schneller, und dennoch bleibt dein Körper ganz stabil und unbewegt. Die Öffnung, die zur Inneren Erde führt, ist das Tor in feinstoffliche, hochschwingende Dimensionen, die im Austausch mit

dem physischen Körper unseres Planeten stehen. Während dieser Reise wird dein Körper auf sanfte Weise auf diese höhere Frequenz eingeschwungen ...

Pause

Im Inneren der Erde landest du nun in einem silbernen Raum, der sich immer weiter ausdehnt. Das silberne Licht ist eher matt glänzend in mehreren Schattierungen und durchdringt dich vollständig. Deine goldene Reisespirale löst sich langsam auf.
Stell dir vor, dass es dort ein bequemes Sofa gibt, auf dem du dich entspannt ausstrecken kannst. Bade nun in diesem Licht, ruhe dich aus, lass dich vollständig von ihm einhüllen. Wenn du magst, schlafe ein bisschen ...

Längere Pause

Wenn du das Gefühl hast, dich genug entspannt zu haben, stell dir wieder deine goldene Reisespirale vor. Sie umhüllt dich, und so verlässt du den silbernen Raum zwischen den Dimensionen und kehrst durch den goldenen Tunnel zurück an die Erdoberfläche, von wo aus du deine Reise begonnen hast.
Danke der Erde für deine Erfahrung.

Juttas Bericht

Zu Beginn der Meditation war ich sehr fahrig und angespannt. Michaela bat mich, in einen goldenen Gang zu gehen und von dort in eine schöne Landschaft. Ich nahm sie in den buntesten, kitschigsten Farben war und fühlte mich gleich pudelwohl. Ich hatte sofort gewusst, dass ich dies schon vor Kurzem geträumt hatte, und freute mich sehr auf diese Reise nach innen.

Dann sollte ich mit einem Beförderungsmittel meiner Wahl in den Raum der Revitalisierung reisen. In diesem Raum empfing mich wundervolles reinigendes und beruhigendes silbernes Licht. Ich wurde von außergewöhnlich hell leuchtenden und sehr fröhlichen Wesen liebevoll in Empfang genommen.

Ich durfte mich auf eine wundervoll weiche warme Liege legen, und die Wesen begannen mich sanft zu reinigen, mich von Dingen zu befreien, die sich in meinem Körper festgesetzt haben. Wir hatten alle großen Spaß miteinander, sie lachten und scherzten, und nach der gelungenen Arbeit stießen sie mit ihren Hinterteilen aneinander, so als ob sie »Give me five« machen wollten.

Danach haben sie mich gebadet, geölt, liebkost, in den Armen gehalten, alles was ich mir wünschte, um mich geborgen zu fühlen.

Nachdem ihre Heilung an mir beendet war, wurde ich sanft wieder in den Tunnel geschoben und kam erfrischt und sehr zentriert, mich in mir geborgen fühlend, wieder in der Yogastunde an.

Marions Bericht

Am letzten Freitag wurde ich durch eine Situation völlig aus der Fassung gebracht. Ich wollte eine Person, mit der ich ein Problem hatte, anrufen, wurde weggedrückt, und dann war der Teilnehmer nicht mehr erreichbar. Also schrieb ich eine Mail. Ständig kontrollierte ich, ob schon eine Antwort gekommen war. Mir ging es dabei immer schlechter.

Am nächsten Tag führte ich mit einer lieben Freundin ein Gespräch am Telefon und erzählte ihr von der Geschichte. Dabei fühlte ich, dass ich auch von ihr nicht die Antworten bekam, die ich scheinbar hören wollte. Ich sagte ihr, dass ich das Gespräch beenden möchte, da es mir nicht gut damit gehe. Das war für sie auch in Ordnung.

Mir ging es jetzt noch schlechter. Also setzte ich mich hin und wollte irgendwie zur Ruhe kommen. Das gelang mir aber nicht. Ich schaute noch einmal in meine Mails. Da gab es eine Antwort von der Person, um die es bei meinem Problem ging. Die Antwort war genau richtig für mich. Doch ich stellte fest, dass ich trotzdem nicht in die Ruhe kam, die ich mir erhofft hatte. Die Angst und die Aggression wüteten immer noch in mir.

Mir wurde klar, dass ich auf gar keinen Fall in mein altes Muster verfallen wollte, auf mich selbst innerlich einzuschlagen. Also fragte ich mich: »Warum bin ich in so ein altes Muster gerutscht? Warum habe ich das Problem so persönlich genommen? Was sind die Beweggründe, die dieses Problem in sich trägt, und was habe ich getan, damit sich dieses Problem manifestiert?« Es kam: Ich vertraue mir nicht! Ich habe Angst, dass ich das Problem nicht lösen kann! Warum vertraue ich mir nicht? – Jetzt bekomme ich Bauchschmerzen. Ich muss weinen. Ich sehe eine kleine dunkle Kugel. Mein kleines verletztes Kind hat sich ganz klein gemacht. Es sagt: »Ich bin das Engelein, das vom Himmel fiel!« Ich rufe meine himmlischen Eltern um Hilfe: »Warum kann ich mir selbst nicht vertrauen? Was brauche ich, damit ich mir wieder selbst vertrauen kann? Was habe ich getan – so Schreckliches getan –, dass ich mir selbst nicht mehr über den Weg traue?« Da bricht es förmlich über mich herein: Alles, was mir in diesem Leben oder in anderen angetan wurde, alles das, habe ich mir selbst angetan. Ich habe es ALLEN angetan. – Diese Erkenntnis, dieses Gefühl, hat mich förmlich fassungslos gemacht. Ich konnte nur noch um Verzeihung bitten. Ich weiß gar nicht, ob es so viele Heilengel gibt, die ich um Hilfe bitten kann, damit das jetzt alles heilen kann.

Danke, dass ich das erkennen durfte und noch am Leben bin! Nun fand ich die Ruhe, mich hinzusetzen und die Hathoren um Unterstützung zu bitten. Sofort spürte ich ihre Energie in meinem Kopf, an der Zirbeldrüse, am Dritten Auge. Es war wie eine nebulöse Wellenbewegung, wie ein Scheibenwischer, damit ich klar sehen kann.

Ich gab mich hin. Wurde durch die Spiralbewegung in das Herz von Mutter Erde gezogen. Alles um mich herum war wie flüssiges Silber. Es floss um mich herum, durch mich hindurch, ich war das Fließen selbst. Es floss durch meine Poren in meine Umgebung, und ich war mit allem verbunden was ist. Dann kam die Pyramide des Gleichgewichts: Diesmal konnte ich mich hineinlegen und Einheit fühlen, ich wurde ganz ruhig. Nach einer Weile wurde ich wieder hinauf in mein Tagesbewusstsein gezogen.

Tipp!

Wenn man beginnt zu meditieren, ist es ratsam, sich einen »Anker« zu kreieren, der einen wieder in die Konzentration bringt, wenn die Gedanken abschweifen. Das kann ein Mantra sein, ein Klang, ein Symbol oder einfach der eigene Atem. Dieser Fokus hilft uns sehr, wieder in die Stille zu kommen, die aufzusuchen zurzeit so immens wichtig ist. Nur durch die Stille in uns selbst erlangen wir Erkenntnisse und Klarheit über unser wahres Sein, hören wir die Stimme unserer inneren Führung und erleben wir Hingabe und das Mitströmen im Fluss des Lebens.

Du kannst dir im silbernen Raum ein silbernes Lichtwesen herbeirufen, mit der Bitte, dir deinen ganz individuellen Fokus zu geben. Nimm ihn dann in dein Herz und erinnere dich an ihn, hole ihn immer hervor, wenn du meditierst oder in chaotischen Situationen in dein Gleichgewicht kommen willst.

Heilung der Wunden
in der Sexualität
(mit den Delfinen
der Inneren Erde)

Die Gier nach Geld und Macht und ein krankmachender Umgang mit Sexualität sind zwei der größten Wunden, die die Menschheit sich selbst und anderen zugefügt hat.

Ich habe vor Kurzem eine Dokumentation über sexuellen Missbrauch gesehen, in der eine Statistik offenlegte, dass mittlerweile jede vierte Frau (einschließlich junger Mädchen) sexuell missbraucht worden ist. Die Dunkelziffer wird diesen Durchschnitt noch gewaltig in die Höhe treiben. Das Thema Sexualität und vor allem die Wunden, die durch Vergewaltigungen, Unterwerfungen, Missbrauch, Pornografie, Prostitution und dergleichen entstanden sind, schreien nach Heilung. Es wird immer deutlicher, dass der menschliche »Schmerzkörper« (2), der dadurch entstanden ist, im Kollektiv mittlerweile enorme Ausmaße angenommen hat. Alles, was im Rahmen von Sexualität dem anderen oder uns selbst Leid, Schmerz und Ohnmacht zufügt, hält unsere Schwingungsfrequenz im unteren Bereich und erschwert unsere Transformation.

Im Aufstiegsprozess erhalten wir nun die Gnade, uns von allen Blockaden, Krankheiten und Verhaltensmustern zu befreien, die durch pervertierte oder gewalttätige Sexualität entstanden sind. Es gibt viele therapeutische Methoden und spirituelle Techniken, dies zu bewerkstelligen. In der Neuen Zeit werden Männer und Frauen wieder einen auf Liebe und gegenseitiger Achtung beruhenden sexuellen Austausch miteinander haben, der als sehr beglückend und befreiend erlebt wird. Die Hathoren sagen, dass dies die Vorraussetzung sei, um unsere Schöpferkraft ganz und gar in Anspruch nehmen zu können.

Während einer Meditation nahmen mich die Hathoren mit auf eine Reise in die Innere Erde. In einer blaugrünen Lagune begegnete ich einem Delfinpärchen, das mich zum Schwimmen einlud.

Die Hathoren erklärten mir, dass der Kontakt mit Delfinen eine große Heilwirkung auf Menschen haben könne, die eine sexuelle Wunde haben – ganz egal, ob aus diesem oder einem anderen Leben. Die Delfine gehen sehr liebevoll miteinander um, auch in der Sexualität – die übrigens einen großen Teil ihrer »Freizeitbeschäftigung« ausmacht. Sie sind sehr sinnliche, lebensbejahende Wesen, die einander freudvoll feiern. Gleichzeitig strahlen sie Frieden, Gelassenheit und Vertrauen aus – sie »heilen« durch ihre besondere Präsenz und ihre Fähigkeit, Schwingungen auszustrahlen, die unser Zellgefüge bis auf die DNS verändern. Sie nehmen den Schmerz des anderen auf und transformieren ihn. Das Eintauchen in die Delfin-Energie ist wie ein Bad in der Freude – all dies macht ihre Heilkraft aus. Delfin-Therapie gibt es übrigens interessanterweise nicht nur für Kinder mit Autismus oder Down-Syndrom – sondern auch für sexuell missbrauchte Menschen!

Die Delfine in der Inneren Erde haben noch eine besondere Energie: Sie verströmen neben der eben beschriebenen Delfin-Schwingung auch die Qualität des totalen Urvertrauens, wie wir es als Erdenwesen nur im Bauch von Mutter Erde finden. Sie lieben bedingungslos – dies ist ihre wahre Natur – und übertragen diese Liebe auf uns Menschen, um uns daran zu erinnern, dass auch wir göttliche Liebe, Mitgefühl und Dankbarkeit sind. Dies sind unsere größten Qualitäten, damit heilen wir uns, unsere Kinder und die Erde.

Delfine und Wale waren lange Zeit nicht nur die Wächter der Ozeane, sondern auch die Hüter des Planeten Erde, sie stabilisierten das Energie-Gitternetz. Mittlerweile gibt es immer mehr Lichtarbeiter, die dies tun – die Wale und Delfine unterstützen uns jedoch darin, indem sie uns helfen, unsere größten emotionalen Wunden zu heilen.

In der folgenden Meditation, die sich auch wieder in der Inneren Erde abspielt, erhältst du das Geschenk, auf eine Heilreise mit einem Delfinpärchen zu gehen. Die Hathoren haben mich gebeten, zu der eigentlichen Heilreise keine Bilder vorzugeben, da bei jedem etwas anderes geschehen kann.

Ich führe dich also nur in die Innere Erde und zur Lagune der Heilung. Alles andere übernehmen du und die Delfine.

Bitte überlasse dich ihnen vertrauensvoll mit der Absicht, dass deine tiefsten Wunden in der Sexualität, die du in diesem oder anderen Leben zugefügt bekommen hast oder auch anderen zugefügt hast, nun endlich in Heilung gehen.

13. Übung: In der Lagune der Heilung

Setze oder lege dich entspannt hin und atme lang und tief.

Suche dir in echt oder in deiner Vorstellung einen Platz in der Natur. Setz dich dort auf den Boden und visualisiere eine goldene, rechtsdrehende Spirale, die dich vollständig umgibt.

Stell dir nun vor, wie sich unter dir langsam die Erde öffnet und du in deiner Spirale sanft nach unten, durch einen strahlend hellen, goldenen Lichttunnel ins Innere der Erde schwebst. Die Spirale dreht sich immer schneller, und dennoch bleibt dein Körper ganz stabil und unbewegt. Die Öffnung, die zur Inneren Erde führt, ist das Tor in feinstoffliche, hochschwingende Dimensionen, die im Austausch mit dem physischen Körper unseres Planeten stehen. Während dieser Reise wird dein Körper auf sanfte Weise auf diese höhere Frequenz eingeschwungen.

Du befindest dich nun am Sandstrand einer herrlichen blaugrünen Lagune. Es ist angenehm warm, ein leichter Wind weht und goldenes Sonnenlicht leuchtet auf deiner Haut.

In der Lagune spielt ein Delfinpärchen. Die beiden tollen im Wasser herum, keckern und laden dich ein, zu ihnen ins Wasser zu kommen. Du folgst der Einladung und schwimmst zu ihnen. Langsam nähert ihr euch einander an. Die Delfine stupsen dich spielerisch an, schwimmen um dich herum, nehmen Blickkontakt mit dir auf und holen dich schließlich in ihre Mitte. Wenn du magst, dann gehe jetzt mit ihnen auf eine Reise, bei der du in einen tiefen Heilschlaf fällst, während in den Tiefen des Ozeans Wale für dich singen. Wisse, dass während dieser Zeit die Hathoren für dich da sind. Frauen werden mit Muscheln und Perlen, Männer mit Kristallen geheilt.

Möge Heilung geschehen zu deinem und zum höchsten Wohl aller!

Längere Pause

Die Delfine geben dir einen Impuls, wenn die Heilreise beendet ist. Sie bringen dich wieder zurück an den Strand.

Bedanke dich bei ihnen auf deine Weise. Stell dir wieder deine goldene Reisespirale vor. Sie umhüllt dich, und so verlässt du den silbernen Raum zwischen den Dimensionen und kehrst durch den goldenen Tunnel zurück an die Erdoberfläche, von wo aus du deine Reise begonnen hast.

Danke der Erde für deine Erfahrung.

Balance der Polaritäten
im Inneren der Erde

Das Ausbalancieren von Polaritäten ist eine Voraussetzung, wenn wir als galaktische Menschen die Neue Erde bewohnen möchten. Alles, was sich noch in Disharmonie befindet, sei es in unserem physischen Körper oder in unseren feinstofflichen Körpern, darf sich nun in senkrechter Form, also nach oben und unten, ausrichten. Diese Ausrichtung entspricht dem göttlichen Prinzip des »Wie oben, so unten« und beschreibt nicht nur die Fließrichtung der Energie, sondern auch, dass das eine ohne das andere nicht existiert und deshalb von ebenso großer Bedeutung ist. Ohne Licht gibt es keinen Schatten, ohne Yin kein Yang, ohne männlich kein weiblich. Die Dualität ist nicht zu bewerten, sie IST einfach.

In der Inneren Erde entdeckte ich einen Raum von opalisierendem weißen Licht, der sich wiederum in zwei Räume teilte, die den männlichen und den weiblichen Aspekt in sich trugen. Jeder/jede von uns bestehen aus diesen Energien, und doch haben wir die einen oder anderen Anteile einst weggegeben, verleugnet oder uns wegnehmen lassen. Wenn wir sie wieder ganz in uns vereinigen, entsteht ein neues Feld, das der Ganzheit. Dies ist das Alles und das Nichts, Leere und Fülle, Sein und Nichtsein – das Göttliche.

In der folgenden Übung habe ich die Felder in verschiedenen Farben erfahren und die Hathoren danach gefragt. Die Energie des Opals ist wie ein Netz mit den Feldern verwoben. Der Opal bringt alles ins Fließen, er wandelt Dichtes in lichte Göttlichkeit um, gebiert neu und führt in die Freude. Das türkisfarbene Licht symbolisiert die männliche Energie, wenn sie mit Leichtigkeit, Verspieltheit und Sanftmut einhergeht. Türkis heilt die Verletzungen aus altlantischen Inkarnationen und öffnet den Zugang zum alten Wissen. Türkis ist die kraftvolle Farbe der Delfine, und gerade die Delfinenergie ist wie ein samtiger Balsam, der sich über das

Männliche legt und ihm die Härte, Schärfe, Verkrampfung und Anstrengung nimmt.

Die opalisierende, rosa-pfirsichfarbene Energie verströmt die weibliche venusische Liebesschwingung, sie nährt und führt uns auf den Weg unserer Seele in unsere wahre Berufung zurück. Sie erinnert uns daran, dass wir aus der reinen Freude kommen, reine Freude sind und immer sein werden.

Im goldenen Feld der Ganzheit baden wir im göttlichen Segen, erleben uns in unserer Göttlichkeit und im Einssein.

14. Übung: Meditation zur Balance der Polaritäten

Setze oder lege dich entspannt hin und atme lang und tief.

Suche dir in echt oder in deiner Vorstellung einen Platz in der Natur. Setz dich dort auf den Boden und visualisiere eine goldene, rechtsdrehende Spirale, die dich vollständig umgibt.

Stell dir nun vor, wie sich unter dir langsam die Erde öffnet und du in deiner Spirale sanft nach unten, durch einen strahlend hellen, goldenen Lichttunnel ins Innere der Erde schwebst. Die Spirale dreht sich immer schneller, und dennoch bleibt dein Körper ganz stabil und unbewegt. Die Öffnung, die zur Inneren Erde führt, ist das Tor in feinstoffliche, hochschwingende Dimensionen, die im Austausch mit dem physischen Körper unseres Planeten stehen. Während dieser Reise wird dein Körper auf sanfte Weise auf diese höhere Frequenz eingeschwungen.

Pause

Du schwebst nun in einen Raum aus opalisierendem weißen Licht. Du wirst bereits liebevoll von den Lichtwesen dieses Bereichs der Inneren Erde empfangen. Sie werden dich begleiten und energetisch unterstützen.

Der Raum, in dem du bist, ist in zwei Felder aufgeteilt. Das rechte Feld der männlichen Energie schimmert in sanftem opal-türkis, das linke Feld der weiblichen Energie opal-rosa-pfirsichfarben.

Betritt nun bitte das rechte Feld und lass dich ganz und gar von dem schimmerndem Weiß-Türkis einhüllen, durchdringen, bis du mit dem Licht eins geworden bist. Nimm deine Empfindungen wahr, wie fühlt es sich an, in diesem Feld zu sein?

Sprich nun bitte laut:

*»Ich bitte darum, dass alle verwundeten männlichen Anteile in mir voll-
ständig geheilt werden. Ich nehme meine männliche Kraft und Stärke und
auch die Freude und Leichtigkeit wieder ganz zu mir zurück.«*
Breite nun deine Arme weit aus, so dass dein Herz sich weit öffnen
kann, und lass Heilung geschehen …

Pause

Verlasse nun das Feld der männlichen Energie. Mit einem Schritt zur
Seite gelangst du ins Feld der weiblichen Aspekte deines Seins.
Lass dich jetzt ganz und gar von schimmerndem opal-rosa-pfirsich-
farbenem Licht einhüllen, durchdringen, bist du mit dem Licht eins
geworden bist. Nimm deine Empfindungen dabei wahr.
Wie fühlt es sich an, in diesem Feld zu sein?
Sprich nun bitte laut:
*»Ich bitte darum, dass alle verwundeten weiblichen Anteile in mir voll-
ständig geheilt werden. Ich nehme meine weibliche Kraft und Stärke und
auch die Freude und Leichtigkeit wieder ganz zu mir zurück.«*
Breite wieder deine Arme weit aus, so dass sich dein Herz öffnen
kann, und lass Heilung geschehen.

Pause

Die beiden Felder fließen nun zusammen und bilden in der Mitte
eine Schnittmenge aus reinem goldenen Licht. Tritt nun dort hinein
und lass dich vom goldenen Licht vollständig durchdringen.
Breite deine Arme aus und führe deine Hände am Herzen wieder zusammen.
Sprich dann laut:
»Ich bin in der göttlichen Ganzheit meines Seins.«

93

Pause

Bedanke dich bei den Lichtwesen der Inneren Erde und begib dich wieder in deine goldene Reisespirale. Sie umhüllt dich, und so verlässt du den Raum der Polaritäten zwischen den Dimensionen und kehrst durch den goldenen Tunnel zurück an die Erdoberfläche, von wo aus du deine Reise begonnen hast.
Danke der Erde für deine Erfahrung.

Begegnung mit
der Schlange des Lichts –
Bewusstsein und
Manifestation der
Neuen Erde

Die Schlange des Lichts – so wie sie Drunvalo Melchizedek (3) in seinem Buch beschreibt, symbolisiert die Lebensenergie, die Kundalinikraft von Mutter Erde. So wie die aufsteigende Kundalini unsere Chakras aktiviert und damit unser spirituelles Erwachen auslöst, gleitet die Schlange des Lichts durch die Erde, öffnet deren Chakras und bringt das große Licht des kollektiven Bewusstseinswandels zu den Menschen. Die Schlange reiste von Tibet nach Indien und von dort aus fast über die gesamte Erde, bis sie schließlich heute in Südamerika (Chile, Peru) ruht. Überall auf ihrer Reise hinterließ die Schlange eine leuchtende Spur von kraftvoller, weiblicher Spiritualität, die den von ihr besuchten Regionen die »Energie der Neuen Erde« brachte. Diese Energie hat begonnen, sich in den Herzen der Menschen zu verankern und die schlafenden Schöpfergötter in ihnen zu wecken.

Ich bin der Schlange des Lichts in den Welten der Inneren Erde begegnet und war sehr erstaunt darüber, als die Hathoren mit mitteilten, dass sie helfen würde, meine Schöpferkraft zu verstärken, damit ich erfolgreicher manifestieren könne. Ich habe die Schlange des Lichts noch nie mit Manifestation in Verbindung gebracht, doch es macht im Nachhinein Sinn, denn nur durch Bewusstsein (Licht) und Liebe (Herz) werden wir Menschen auf Dauer zum höchsten Wohle aller ko-kreieren können.

Bei der folgenden Meditation sollten all diejenigen, die unter Schlangenphobie leiden, sich bewusst machen, dass die Schlange des Lichts nicht wie ein Reptil aussieht, sondern einfach eine kraftvolle, aus Licht bestehende schöpferische Energie ist, die durchaus eine schlangenartige Form haben kann.

15. Übung: Meditation

Setze oder lege dich entspannt hin und atme lang und tief.

Suche dir in echt oder in deiner Vorstellung einen Platz in der Natur. Setz dich dort auf den Boden und visualisiere eine goldene, rechtsdrehende Spirale, die dich vollständig umgibt.

Stell dir nun vor, wie sich unter dir langsam die Erde öffnet und du in deiner Spirale sanft nach unten, durch einen strahlend hellen, goldenen Lichttunnel ins Innere der Erde schwebst. Die Spirale dreht sich immer schneller, und dennoch bleibt dein Körper ganz stabil und unbewegt. Die Öffnung, die zur Inneren Erde führt, ist das Tor in feinstoffliche, hochschwingende Dimensionen, die im Austausch mit dem physischen Körper unseres Planeten stehen. Während dieser Reise wird dein Körper auf sanfte Weise auf diese höhere Frequenz eingeschwungen.

Pause

Am Ende des Tunnels betrittst du einen Raum, eine Dimension, eine andere Welt. Wie zeigt sie sich dir? Schau dich um, gehe oder schwebe umher.

In diesem Raum begegnest du jetzt der Schlange des Lichts. Nimm wahr, wie sie Kontakt mit dir aufnimmt ...

Pause

Die Schlange des Lichts nimmt dich nun mit auf eine Reise zu einer Lichtstadt.

Du betrittst einen kristallinen Tempel, in dem hohe Lichtwesen dich herzlich willkommen heißen. In der Mitte des Tempels steht ein wun-

derschöner Thron für dich bereit, auf dem du dich jetzt niederlässt. Die Schlange des Lichts bittet dich, deine Arme weit auszubreiten und dein Herz zu öffnen. Mit deiner Erlaubnis »scannt« sie deine Chakras und aktiviert deinen Lichtkörper. Lass es einfach geschehen und genieße dein Lichtbad …

Längere Pause

Die Lichtwesen halten währenddessen ihre Hände auf dich gerichtet. Du spürst die Energie ganz deutlich.

Die Schlange des Lichts ist jetzt hinter dir und hat die Form deiner Wirbelsäule angenommen – aus strahlend weißem Licht. Etwa 20 cm über deinem Kopf wölbt sie sich wie eine Kobra nach vorn, so dass dein Kopf und dein achtes Chakra wie von einem Lichtdach beleuchtet werden. Die Schlange ist zum Teil mit dir verschmolzen – du und sie sind reines göttliches Bewusstsein.

Breite deine Arme weit aus, öffne dein Herz und lass aus seinem inneren heiligen Raum eine Vision aufsteigen, der zu deinem höchsten Wohl erfüllt werden soll. Vielleicht kannst du Bilder sehen, oder du fühlst etwas. Schau es dir wie einen Film in deinem Herzen an. Erlebe die Freude, dass es geschehen ist …

Währenddessen durchstrahlt die Schlange des Lichts unaufhörlich deinen Energiekörper.

Längere Pause

Sende nun deine Liebe ins Herz der Erde. Du erhältst eine Antwort, einen Impuls, ein Bild, was deine Aufgabe auf der Neuen Erde sein könnte. Auf welche Weise kannst du der Erde und den Menschen dienen? Auch diesen Film kannst du dir in deinem Herzen anschauen.

Pause

Gefällt dir das, was du siehst? Nimmst du deine Meisterschaft an? Kannst du dich erinnern, dass du einst genau diese Entscheidung getroffen hast?

Pause

Wenn ja, dann bitte jetzt um den ersten Schritt. Du willst wissen, was du tun kannst, um deinen Lichtdienst für die Erde und ihre Bewohner zu beginnen.

Nimm die Schlange in deinem Energiefeld wahr, sie glüht und sprüht vor weißem Licht. Deine Meisterdrüsen sind voll aktiviert, und göttliches Bewusstsein durchströmt all deine Körper.

Wenn du auf diese Weise manifestierst, werden die Früchte daraus immer zum höchsten Wohle aller sein.

Pause

Langsam löst sich die Schlange des Lichts aus deinem Energiefeld, und du steigst vom Thron herunter, bedankst dich bei ihr und den Lichtwesen.

Die Schlange begleitet dich zurück zum goldenen Tunnel, und augenblicklich materialisiert sich die goldene Reisespirale um dich herum. So kehrst du zurück zur Erdoberfläche, von wo aus du deine Reise begonnen hast.

Nimm ein paar tiefe Atemzüge, spüre deinen Körper und öffne langsam deine Augen. Willkommen im Hier und Jetzt!

Ankes Bericht

Ich bin in einem großen Raum, der sehr hell und sehr komplex ist – der Schall bricht sich an vielen Stellen und lässt mich weitgehend die Orientierung verlieren. Ich versuche mich trotzdem zu orientieren, blicke mich um und stehe in einer Art Gang, der nach links gebogen ist. Alles ist aus weißem Stein (Marmor?). An beiden Seiten des Ganges finden sich Skulpturen und Reliefs. Da aber alles so weiß und so hell ist, kann ich kaum Details erkennen. Meine innere Begleiterin, die Kobra, ist rechts neben mir (sie ist oft in meiner Innenwelt dabei; diesmal führt sie mich jedoch nicht, wie meistens, sondern begleitet mich nur).

Meine Stimmung bessert sich trotz der anfangs verwirrenden Klänge, als ich merke, dass ich in einer Art Tempel bin. Ich fühle mich beschenkt, hier sein zu dürfen. Ich sammle mich und beschließe, vorsichtig einfach einen Schritt nach dem anderen zu tun. Nach einigen langsamen Schritten merke ich, dass ich keinen Zentimeter vorwärts gekommen bin. Ratlos bleibe ich stehen. Da beginnt der Boden oder das Feld sich zu bewegen, jedenfalls werde ich vorwärts bewegt (wie auf einem Transportband, das mich nach vorn trägt) und gelange durch den gebogenen Gang zu einer Art Kreuzung. Von vorn kommt uns ein spiegelbildlich verlaufender Gang entgegen, der die andere Hälfte dieses ei- oder kreisförmigen Ganges bildet, und nach rechts geht es weiter in einen runden Raum hinein.

Ich gehe nicht, wir (die Schlange und ich) werden weiter »getragen«, und wir landen vor einer Art Altar oder Skulptur, die das Heiligtum in diesen Hallen sein muss. Der Raum ist klein, rund, die Kuppel oben drüber ist zeltförmig, und ein Sternenhimmel (dunkelblau und golden) ist darauf gemalt. Direkt vor uns steht ein rundes weißes Steinbecken, vielleicht einen knappen Meter hoch, Durchmesser etwa zwei Meter, darin liegt eine riesige goldene Kugel, die das

Becken ziemlich ausfüllt. Sie strahlt sehr viel Wärme aus. Der Spalt zwischen der Goldkugel und der Steinwanne ist mit fließendem Wasser gefüllt, es scheint aus einer Quelle hinter der Kugel aufzusteigen, fließt um die Kugel herum und dann in den Boden, wo das Bächlein weitergeleitet wird.

Es ist eine große Ruhe dort und eine Art Erhabenheit – gleichzeitig ganz viel Selbstverständlichkeit. Es wird nichts verlangt.

Ich tippe ohne nachzudenken meine Finger in das Wasser hinein und benetze mir damit die Stirn, genauer gesagt die Stirnmitte – wohl das Dritte Auge –, ähnlich wie ich es von Katholiken beim Betreten einer Kirche kenne, wenn sie das Weihwasser nutzen.

Die Schlange dreht eine Runde um die Kugel herum (gegen den Uhrzeigersinn) und nimmt so ein Bad in dem Quellwasser. Dann wenden wir uns langsam wieder ab, um zurückzukehren, und ich würde gern den anderen Gang neh-men. Aber mit »Gehen« funktioniert es ja nicht, ich muss stehen bleiben. Und sobald ich stehe / wir stehen, werde ich / werden wir durch den ursprünglichen Gang zurückgefahren. Ich habe die Vermutung, der andere Gang sei den Män-nern vorbehalten?!

Am Ende beziehungsweise Anfang des Gangs erscheint eine prächtige zwei-flügelige hohe Tür, von rechts kommt der andere Gang, den ich gern benutzt hätte – die beiden verlaufen also spiegelbildlich und bilden einen Ring.

Wir gehen links zur Eingangstür hinaus, draußen scheint die Sonne, und vor uns entfaltet sich eine riesig lange, nicht allzu steil abwärts führende, sehr breite Treppe – als sei sie einen Kilometer lang und einige hundert Meter breit. Ich habe ein sehr angenehmes und sicheres Gefühl hier oben. Ich frage mich, ob wir hier oben in der Spitze einer Pyramide sind.

Die Magie unseres Herzens

Ich bin deine Herzens-Kraft.
Ich öffne meine Pforten und
offenbare dir all meine Schätze.
Ich bin deine Zuflucht und dein
weiser Ratgeber.
In mir begegnest du dir selbst
in deiner göttlichen Natur.
In mir ist das kristalline Schöpferlicht,
durch das du dir selbst und anderen
den Weg erhellst.
(aus dem Hathoren-Kartendeck)

Das menschliche Herz ist ein magisches Organ: Sein elektromagnetisches Feld misst etwa zwei bis drei Meter im Durchmesser und ist damit größer als das aller anderen Organe. Es reagiert durch die Veränderung seiner Herzfrequenz auf Gefühle, die beispielsweise bei Wut sofort chaotisch werden, während es bei Gefühlen wie Dankbarkeit und Wertschätzung mit der harmonischen Schwingungsfrequenz des »Goldenen Schnitts« reagiert. Wenn wir aufgeregt sind, ängstlich oder gestresst, und es schaffen, unseren Fokus auf unser Herzzentrum zu legen, dann beruhigen wir uns schnell, denn wir haben Frieden getankt.

Unser Herzchakra und auch das physische Herz sind der Ort der Liebe und des Mitgefühls und noch viel mehr als das: Unser Herz ist der Mittelpunkt unserer Physis und der feinstofflichen Körper. Es vereinigt alle Chakras zu einer zentralen Lichtkugel, und wie ein funkelnder Stern sendet es seine Strahlen weit ins Universum bis zur Quelle und tief nach unten ins Herz des Planeten Erde. Diese Strahlen schaffen die Verbindung zu unserer Seelenheimat. Auf ihrem Weg ins Universum aktivieren die Strahlen zunächst unsere höheren Chakras wie das Hals-, Stirn- und das Kronenchakra sowie die Meisterdrüsen wie Zirbeldrüse und Hypophyse, denn ohne die Liebe des Herzens kann sich auch unser Drittes Auge nicht öffnen, kann außersinnliche Wahrnehmung nicht entwickelt werden.

Der uralte heilige Raum in unserem physischen Herzen, die »Fünfte Kammer«, ist unser inneres Shambhala. Dieser Raum in unserem Herzen ist die eine der größten Kostbarkeiten, die wir vom Schöpfer mitbekommen haben. Es ist der Ort des Einsseins, des Friedens und der allumfassenden Liebe. Diese bedingungslose Liebe fühlt sich für mich ganz anders an als die warme, herzliche Liebe, die ich zum Beispiel einem geliebten Menschen entgegenbringe. Sie ist neutral, fast »kühl«, vollkommen in ihrer Einfachheit. Sie macht frei, akzeptiert ALLES, schließt ALLES ein – ausnahmslos, ohne emotionale Regung. Ich finde kaum Worte dafür.

Hier, in unserem Herzen, sind wir untrennbar mit Gott verbunden, und alle Dualität und Trennung werden als Illusion entlarvt.

Wenn wir unserer wahren Seelenkraft, unserer Essenz begegnen wollen, dann finden wir sie dort.

Hier vereinen sich Himmel und Erde, die göttlich männliche und die göttlich weibliche Energie, und hier entsteht auch deren Vereinigung, als »heilige Hochzeit«.

Hier sind wir wunschlos und in göttlicher Stille.

▲▲▲

Der spirituelle Lehrer Drunvalo Melchizedek hat seit über fünfzehn Jahren diese »geheime Herzenskammer« (4) erforscht und erfahren, dass wir im Grunde das gesamte Universum im Herzen tragen, aus dem heraus wir erschaffen können. Hier finden wir auch alle Antworten auf essentielle Fragen unsere Seins, ohne dass der Verstand sich verfälschend dazwischen drängt.

Wir werden im Laufe der Zeit noch viele Schätze in unserem Herzen entdecken. Es ist unsere Aufgabe, in Zukunft aus dem Herzen heraus zu erschaffen und zu kommunizieren, denn solange der Verstand nicht vom Geist belichtet ist, wird er uns nicht weiter dienlich sein.

Aus dem Herzen zu sprechen ist unglaublich machtvoll: Wenn wir liebevoll und voll (echter) Anerkennung mit oder über jemanden sprechen, dann verändert sich dessen Gesundheit zum Positiven. Sein Immunsystem wird gestärkt, und auch Bereiche des Hormon- und Nervensystems harmonisieren sich messbar. Dies kann sogar über eine größere Distanz geschehen.

Umgekehrt können herabsetzende, wütende oder bewertende Worte uns selbst und andere krank machen.

Die Sprache des Herzens ist immer liebevoll, nicht kritisch, nicht urteilend, nicht kränkend, sondernd nährend, aufbauend und wahrhaftig. Deshalb ziehen uns »herzliche« Menschen besonders an. Die Sprache des Herzens ist auch immer voller Weisheit. Sie hält Botschaften aus anderen Dimensionen für uns und andere bereit, und die Gefahr, aus der vierten Dimension der Illusionen zu schöpfen, gibt es bei einem vollbewussten, geöffneten Herzen nicht mehr.

▲▲▲

Du kannst es wieder neu lernen, wieder entdecken, wie es ist, aus dem Herzen zu leben: Beginne damit, deine Aufmerksamkeit jeden Tag ein paar Mal auf dein Herz zu richten. Atme durch dein Herz ein und aus. Frage dich häufiger: Wie würde die Liebe in dieser Situation reagieren? Und vor allem: Sei im Hier und Jetzt – allzeit gegenwärtig.

Versuche, die Menschen, die Herausforderungen für dich sind, aus dem Herzen heraus zu betrachten. Du wirst Mitgefühl für sie empfinden. Verständnis und sogar Liebe und Frieden breiten sich in dir aus. Als meine Mutter starb, machte ich die überraschende Erfahrung, dass ich nur noch große Liebe und Dankbarkeit für sie empfinden konnte – obwohl unser Verhältnis oft sehr schwierig und ambivalent für mich war. Die Liebe war ALLES, was übrig blieb. Dies lehrt mich bis heute, Dramen wenn möglich zu vermeiden und hinter der Persönlichkeit eines Menschen immer die göttliche, liebevolle Seele zu sehen.

Wenn du in der Nähe von sich streitenden Menschen bist, dann strahle Liebe zu ihnen hin. Wie pulsierende Wellen atmet dein Herz ein und aus, gibt und empfängt und verwandelt in seinem Inneren zum Wohle aller. Ich bin überzeugt davon, dass alle Menschen, die aus dem Herzen leben, den Aufstiegsprozess leicht bewältigen, denn sie bringen die Qualitäten mit, die die Neue Erde braucht.

Die folgende Hathoren-Gruppenübung liebe ich sehr, denn es berührt die Menschen tief, wenn so liebevoll über sie gesprochen wird.

16. Übung: Aus dem Herzen sprechen

Dazu benötigst du herzöffnende Musik.
Die Gruppe sollte aus einer geraden Anzahl von Menschen bestehen, damit eine Paarbildung möglich ist. Es wäre auch schön, vorher eine herzöffnende Meditation mit den Teilnehmern zu machen.
Die Leute verteilen sich nun locker im Raum und schließen die Augen. Diese bleiben geschlossen, bis die Übung beendet ist. Der Se-

minarleiter / die Seminarleiterin führt intuitiv Paare zusammen und stellt sie hintereinander.

Die Augen bitte nicht öffnen, keiner soll wissen, wer da hinter oder vor einem steht. Der, der hinten steht, legt bitte die Hände auf die Oberarme des anderen. Beide öffnen ihr Herzchakra vorn und hinten und erlauben sich, ihre Höheren Selbste für die Dauer der Übung miteinander zu verschmelzen.

Nun beginnt der, der hinten steht, aus dem Herzen heraus laut zu sprechen, spontan und intuitiv, was ihm zu der Person gerade einfällt. Nach etwa fünf Minuten dreht der Seminarleiter alle um 90 Grad zueinander (die Augen sind immer noch zu!), und die Rollen werden getauscht.

Löst nun bitte wieder die Höheren Selbste voneinander. Jeder ist wieder in seiner eigenen Energie.

Wer mag, kann sich dann dem anderen mitteilen.

Erfahrungen

Bei dieser Übung zeigt sich, wer wirklich schon ein weit geöffnetes Herz hat und sein Potenzial voll nutzt und wer noch dem Verstand verhaftet ist. Dadurch, dass keiner weiß, wer vor ihm steht, und somit auch nicht aus Erfahrungen und dem Vorteil der Bekanntschaft schöpfen kann, ist man mehr gefordert, aus dem Herzen zu sprechen.

Manche TeilnehmerInnen haben ganze Channelings erhalten. (Dazu ist es wichtig zu fühlen, ob man mit dem Gesagten in Resonanz geht.) Andere haben einfach wundervolle Dinge über sich gehört, die sie zu Tränen gerührt haben. Wieder andere brachten kein Wort über die Lippen, da der Erwartungsdruck, jetzt etwas sagen zu müssen, zu groß war. In so einem Falle ist es besser abzubrechen oder die eigene Wahrheit zu sprechen, die da lauten könnte: »Ich fühle mich wieder mal gerade als Versager, habe Angst, nichts Gescheites herauszubringen, das schnürt mir das Herz und die Kehle zu, also lasse ich es besser.«

Auch das ist Heilung – der Betreffende wird mit seiner Wunde konfrontiert und seiner Wahrhaftigkeit. Wie soll ein Herz voller Angst Worte der Liebe sprechen?

17. Übung: Die kristalline Flamme der Transformation

In der Schatzkammer deines Herzens brennt die ewige Flamme der Transformation. Diese besteht aus weißem, kristallinem Licht.

Lass jeglichen Widerstand los, geh in die absolute Hingabe und stell dich in die mächtige weiße Flammensäule.

Die kristallinen Teilchen dringen tief in dein Zellbewusstsein ein und wandeln sie um in die Form, die der göttliche Plan für dich vorgesehen hat: die perfekte Matrix des Neuen Menschen auf der Neuen Erde.

18. Übung: Balance von Herz und Hirn

In der Neuen Zeit werden wir immer mehr aus dem Herzen erschaffen – unser Verstand allein kann uns keine befriedigenden, kreativen Antworten mehr geben. Er wird uns eher verwirren anstatt zu Klarheit zu verhelfen, weil er aus den langsam versiegenden Quellen der alten Energie schöpft.

Deshalb ist es wichtig, die Herzenergie in den Kopf zu lenken, um all unsere Gedanken mit Liebe zu durchdringen.

Da sich in unserem Herzen die Liebe unentwegt verströmt, darf alles, was wir kreieren, von Liebe durchtränkt sein.

Außerdem befindet sich in unserem Gehirn die Zirbeldrüse, die eine Meisterdrüse ist, da sie eine wichtige Rolle in unserem Bewusstwerdungs-Prozess spielt. Ihre kristalline Struktur verstärkt unsere Verbindung zur göttlichen Quelle und eröffnet uns den Zugang zur göttlichen Intelligenz.

Diese tiefe, unendliche Weisheit segnet unsere Schöpfungen mit Kreativität und Leichtigkeit. Über die Zirbeldrüse empfangen wir kosmisches Wissen aus den feinstofflichen Dimensionen – deshalb ist es wichtig, diese Drüse zu stärken.

Die folgende Übung kann dir helfen, die Verbindung von Herz und Gehirn zu intensivieren, um deine natürliche Medialität zu schulen. Wer mit göttlicher Inspiration in Form von Medialität arbeitet, sollte dies immer auch mit der Kraft des Herzens tun und nicht allein durch das Training von Hypophyse und Zirbeldrüse, um ein »seelenloses, kühles Schauen« zu vermeiden. Die Zirbeldrüse, die sich in der Mitte unseres Kopfes befindet, wirkt in ihrer kristallinen Struktur wie »Antennen« in hochschwingende Dimensionen. (5) Die Hathoren haben uns durch Tom Kenyons wundervolle Stimme Klangfrequenzen gegeben, die die Zirbeldrüse in strahlendes Licht hüllt. Ich erlebe es so, dass die »Belichtung« der Zirbeldrüse noch beschleunigt wird, wenn die Liebesenergie des Herzens sie zusätzlich durchdringt.

Durch die Botschaften der Hathoren, die Tom Kenyon an uns weitergibt, wissen wir, dass die Aktivierung der Zirbeldrüse für unseren Aufstiegsprozess von großer Bedeutung ist, wenn wir in die höheren Reiche des Bewusstseins eintreten wollen.

Ablauf der Übung

Lege deine linke Hand auf dein Herzchakra und die rechte auf deinen Hinterkopf. Stell dir dabei die Zirbeldrüse in der Mitte deines Kopfes vor, wie ein strahlend leuchtender Bohnenkern aus Licht.

Die Energie fließt nun durch deine Arme und Hände vom Herzen hinauf in deinen Kopf und erfüllt ihn mit Liebeskraft.

Sprich laut oder mit deiner inneren stillen Stimme:

»Die Liebe in meinem Herzen erweckt meinen Geist, verbindet Herz und Verstand und erfüllt mich mit göttlicher Liebe, Weisheit und Intelligenz.«

Stell dir dann intensiv die Zirbeldrüse vor, wie sie dein Gehirn mit weißgoldenem Licht durchtränkt, und lass die Energie aus deinem Kopf in dein Herz fließen.

Sprich nun:

»Die göttliche Weisheit und Intelligenz meines Geistes verbindet sich mit der Liebe in meinem Herzen und führt mich zurück in die Ganzheit.«

19. Übung: Die Aktivierung der Zirbeldrüse durch die Spirale des Herzens

Während einer Hathoren-Meditation habe ich mich auf mein spirituelles Herzzentrum (physisches Herz und Herzchakra) konzentriert und dabei eine weißgoldene Lichtkugel visualisiert. Dabei fühlte ich Liebe und tiefe Dankbarkeit für alles, was ich bin und habe.

Plötzlich begann sich die Lichtkugel zu einer linksdrehenden Spirale zu formen, die sich wie eine leuchtende Schlange meine Pranaröhre entlang nach oben in den Kopfbereich wand und schließlich in der Zirbeldrüse »explodierte«. Wow, das war ein unglaubliches Gefühl, weil mein ganzer Kopf von weißgoldenem Licht erfüllt wurde und mein Herz sich auf einmal leicht und voller Liebe anfühlte!

Auf meine Frage hin, warum das Licht eine spiralige Form angenommen hatte, antworteten die Hathoren, dass die Spirale das Fahrzeug in höhere Dimensionen sei.

Interessanterweise erscheint sie immer in Hathoren-Meditationen, wenn ich »reise«, und zwar in goldener Farbe.

Die Linksdrehung hat damit zu tun, dass sich die Spirale in die Richtung der himmlischen Seele Ba schraubt und nicht nach unten ins Herz von Mutter Erde.

Ablauf der Übung

Setze dich aufrecht und entspannt hin und richte deine Aufmerksamkeit auf dein Herzzentrum.

Erzeuge Liebe, Dankbarkeit und Wertschätzung für alle großen und kleinen Segnungen und Geschenke, die du tagtäglich erhältst, für dein Leben, deine großartige spirituelle Entwicklung ...

Nimm das Licht in deinem Herzen wahr, wie es sich zu einer großen, strahlenden weißgoldenen Lichtkugel ausdehnt.

Stell dir vor, dass sich die Lichtkugel mit deinem Einatmen zu einer linksdrehenden Spirale formt und sich durch deine Pranaröhre entlang nach oben windet.

Atme aus und fühle, wie sich die Kraft des Lichts in deiner Zirbeldrüse entlädt und deinen ganzen Kopfbereich zum Leuchten bringt.

Mache dies etwa 3 bis 5 Minuten lang.

Ich-du-wir –
Gemeinschaft in der Neuen Zeit

Naturkatastrophen, Kriege, aber auch die Freiheitsbewegungen und Umstürze im Nahen Osten machen immer mehr deutlich, dass alles, was irgendwo auf der Welt geschieht, uns alle in irgendeiner Weise betrifft. Diese »Betroffenheit« kann sich in der Gefährdung unserer eigenen Existenz spiegeln oder einfach darin, dass wir tief in unseren Herzen berührt sind und Mitgefühl für Mutter Erde und ihre Bewohner empfinden. Unser Herz ist das fühlende Zentrum unseres Wesens, die Quelle der Liebe, und wenn wir mit dem Kern unseres Wesens und dem aller anderen verbunden sind, öffnen wir uns der Freude und Allem was Liebe ist. Dann beginnt Heilung auf tiefste und wahrhaftige Weise – für uns selbst und die Erde.

Wir tragen das Universum in unserem Herzen, es spiegelt sich in jeder unserer Zellen. »Wie oben, so unten«. »Wie im Großen, so im Kleinen«. Deshalb sind wir nie von den anderen Wesen dieser Schöpfung getrennt. Jeder Gedanke, jedes Gefühl, jede Handlung gleitet als farbige Klangschwingung durch das Universum, um zu wirken. Nichts geht verloren, nichts bleibt ohne Auswirkung auf das Große und Ganze. Auf diese Weise erschaffen wir beständig unsere Realität und beeinflussen die der anderen Wesen auf diesem Planeten und in diesem Omniversum. Welch große Verantwortung für bewusste Wesen!

Viele von uns haben in den letzten Jahren sehr an sich gearbeitet, sind durch die »Dunkle Nacht der Seele« gegangen und haben ihrem »Schatten-Ego« direkt in die Augen geschaut. Manche von uns kämpfen noch mit ihren Ängsten und Widerständen – all dies darf sein – jeder in seinem Tempo.

Dennoch sind wir dringend dazu aufgerufen, die »Anderen« als ebenso wichtige und strahlende Lichtfunken in der großen kristallinen Blume

des Lebens, die das gesamte Universum durchdringt, zu betrachten.
Wir sind alle EINS – dies wird nun immer deutlicher, und dies heißt auch,
Selbstverantwortung zu übernehmen und dennoch für andere da zu sein.
Die Arbeit in Gruppen spielt dabei eine wichtige Rolle, denn wenn wir
uns miteinander vernetzen, tanken wir Kraft, um uns für das große
Ganze ausdehnen zu können.

20. Übung: Beziehungen heilen

Auch für diese Meditation führten mich die Hathoren in die heilige Kammer meines Herzens.

Setze oder lege dich hin, verbinde dich gut mit Himmel und Erde und atme lang und tief in deinen Bauch hinein, der sich beim Einatmen hebt und beim Ausatmen senkt ...

Atme nun durch dein Herzchakra ein und aus, bis sich ein Gefühl von tiefem inneren Frieden in dir ausbreitet. Sende Dankbarkeit und Wertschätzung zu Himmel und Erde.

Richte deine Aufmerksamkeit jetzt auf dein physisches Herz, in dem sich der heilige Raum befindet. Allein durch deine Absicht und innere Führung bewegst du dich in deinen Herzensraum hinein und bittest um Licht.

Schau dich jetzt genau um und nimm einfach nur wahr.

Merkst du, wie still und friedlich es hier ist?

Stell dir nun vor, dass es im heiligen Raum deines Herzens eine Tür gibt, auf der steht: *Halle der Heilung schmerzhafter Beziehungen.*

Öffne nun diese Tür und trete ein.

Wie sieht es dort aus?

Pause

In dieser Halle wirst du von einer Hathoren-Heilergruppe liebevoll empfangen.

Gleichzeitig siehst du einige Menschen aus deinem Leben, mit denen du in Liebe oder tiefer Freundschaft verbunden warst oder bist und die dir Schmerz zugefügt haben.

Du trittst nun vor diese Menschen – vor jeden einzeln, nimmst seine Hände, schaust ihm in die Augen und sprichst deine Wahrheit aus, unverblümt und ehrlich. Sag ihm oder ihr, was dich am meisten verletzt hat.

Nimm wahr, wie der andere reagiert. Was entgegnet er dir?

Wo in deinem Körper fühlst du den Schmerz, die Wut, die Enttäuschung?

Pause

Nimm wahr, dass sich die Hathoren um euch scharen, für euch tönen und ihre kraftvollen Lichthände auf euch beide legen und Heilkraft für den Emotionalkörper durch euch beide strömen lassen.
Vollziehe dies bitte mit jedem Menschen, der gekommen ist.

Längere Pause

Vielleicht gibt es auch Menschen darunter, die du absichtlich oder ungewollt verletzt oder enttäuscht hast. Diese treten nun vor dich und sprechen ihre Wahrheit aus. Was möchtest du ihnen sagen?
Auch hier wirken die Hathoren durch ihre Klänge und ihre Heilkraft, die sie durch euch strömen lassen.

Pause

In dieser Halle gibt es zwei Throne, die prächtig golden geschmückt sind.
Nimm nun auf einem Thron Platz und bitte einen dieser wichtigen Menschen aus deinem Leben auf den anderen Thron.
Reiche ihm / ihr die Hände, öffne dein Herz und sprich:
»Ich sehe die Schönheit und Weisheit deiner Seele. Ich erkenne die Lektionen an, die sich hinter all dem Schmerz, den ich mit dir erlebt habe, verbergen. Ich danke dir dafür, dass du in meinem Leben der Mann / die Frau gewesen bist, die mich folgende Erfahrung gelehrt hat: (benennen). Danke!«

Mache dies mit noch einem anderen, dir wichtigen Menschen.

Längere Pause

Bedanke dich dann bei den Menschen und Hathoren, verlasse die heilige Halle und deinen heiligen Herzensraum und komme wieder in deinem Körper und deinem Tagesbewusstsein an.

21. Übung: Reise in die Halle der Dankbarkeit

Der Tempel der Dankbarkeit befindet sich ebenfalls in deinem physischen Herzen und ist ein Teil deiner heiligen Herzenskammer, die feinstofflicher Natur ist. Es gibt, wie gesagt, viele Hallen, Tempel, Räume in deinem Herzen. Je mehr du dich meditativ in dein Herz zurückziehst, um aus ihm heraus zu leben, desto klarer wirst du sie erkennen. Dein physisches Herz ist eine wahre Schatzkammer!

Die Reise in die Halle der Dankbarkeit ist von größter Bedeutung, denn du wirst dort mit dieser Herzensqualität auf eine Weise konfrontiert, wie du es vielleicht nicht erwartet hast. In der Tat warten dort Überraschungen auf dich, die dein Herz berühren und öffnen.

Ablauf der Übung

Setze dich entspannt hin, nimm ein paar tiefe Atemzüge und lasse mit jedem Ausatmen los.

Spüre die Erde unter dir, Mutter Erde, die dich liebevoll trägt. Spüre mit jedem Atemzug deine Lebendigkeit, deine Kraft, dein Dasein ...

Atme deinen Tag aus, alles, was heute geschehen ist, ist geschehen, darf gehen, urteilsfrei und voller Liebe und Dankbarkeit ...

Richte deine Aufmerksamkeit nun auf dein physisches Herz und öffne es ganz weit. Spüre die Qualität der allumfassenden Liebe in ihm und wie sie stetig, wie ein nie versiegender Strom, deinem Herzen entströmt ...

Bewege dich dann direkt in dein Herz hinein und betrete einen großen, lichtdurchfluteten Raum, in dem es sehr still ist. Gehe umher und schaue dich um. Was kannst du entdecken?

Pause

Du siehst viele Türen, die zu anderen Räumen führen. Auf einer Tür steht »Halle der Dankbarkeit«.

Öffne nun diese Tür und trete ein.

Wie sieht es dort aus, was erwartet dich dort?

In diesem Raum haben sich wichtige Menschen versammelt, die die geistige Welt dir geschickt hat und die dich nun liebevoll begrüßen. Diese Menschen sind gekommen, um sich bei dir zu bedanken Schau, wer gekommen ist. Kennst du sie alle?

Pause

Einer nach dem anderen tritt nun vor dich, schaut dir in die Augen, nimmt deine Hände und spricht seinen Dank aus, für alles, was du für ihn / für sie getan hast.

Lass dich nun überraschen, was die Menschen dir zu sagen haben ...

Jetzt lösen sich andere wichtige Menschen aus der Reihe, bei denen DU dich nun bedanken möchtest. Stell dich vor sie, schau ihnen in die Augen, öffne dein Herz und nimm ihre Hände. Was hast du ihnen aus ganzem Herzen zu sagen?

Lass deinen Dank aus dir herausströmen und nimm dabei deine und ihre Gefühle wahr ...

Längere Pause

Verabschiede dich dann von den Menschen, verlasse die Halle der Dankbarkeit und deinen heiligen Herzensraum und nimm dich ganz in deinem Körper wahr.

Erfahrungen

Diejenigen, die diese Reise machten, waren alle sehr überrascht und berührt, wer sich da unerwarteter Weise in der Halle der Dankbarkeit einfand, um sich zu bedanken.

Oft sind wir uns gar nicht bewusst, was wir für andere getan haben oder wie wertvoll wir für andere Menschen sind. Es tut gut, dies auf solche Weise zu erfahren, und motiviert, weiterhin ein Quell der Freude für andere zu sein.

Das Bedürfnis, sich bei anderen zu bedanken, meldet sich im Alltag bisweilen zu zart und leise, so dass wir es oft gar nicht wahrnehmen. Diese Meditation war nun für einige Ansporn genug, dies endlich nicht nur meditativ, sondern im richtigen Leben konkret zu tun.

Kurzer Austausch mit den Hathoren

Nachdem ich ewig lange nichts mehr von den Hathoren gehört habe, aber gern endlich dieses Buch abschließen möchte, gehe ich wie immer in den Garten, schaue in die Bäume, schließe die Augen und rufe die Hathoren.

ICH: »Hallo, ihr Lieben, es wäre nett, wenn ihr mal wieder was von euch hören lassen würdet, ich brauche nämlich noch einige Übungen.«

HATHOREN: »Ja, dann schreib doch!«

ICH: »Ihr wisst ganz genau, dass ich es vermeiden möchte, irgendetwas, was ich mir möglicherweise ausgedacht oder eingebildet habe, einfach so ins Buch zu schreiben und dann zu behaupten, es käme von euch.«

HATHOREN: »Warum nicht, wenn es den Menschen doch weiterhilft? Welche Rolle spielt es dann, wer die Quelle ist?«

124

ICH: »Ich möchte meinen Lesern aber nicht vorgaukeln, die Übungen und Botschaften kommen von euch, wenn sie in Wirklichkeit aus meinem verqueren Verstand kommen.«

HATHOREN: »Aha. Und woher willst du wissen, dass sie nicht von uns stammen?«

Nun muss ich laut lachen ob solcher Spitzfindigkeiten.

HATHOREN: »Also gut. Begib dich in deinen Herzensraum hinein, atme durch dein Herz ein und aus.« – Nach einer Weile: »Na, wie fühlt sich das an?«

ICH: »Schön. Ganz groß, weit, liebevoll.«

HATHOREN: »Gut. Dann schicke dieses weiche, liebevolle Gefühl jetzt sofort dem Menschen, über den du dich gerade am meisten ärgerst.«

Ups! Das hat gesessen – es gibt wahrlich nichts, das ihnen verborgen bliebe. Da fällt mir doch auf der Stelle jemand ein, der mich in der Tat vor ein paar Tagen durch hässliche Worte sehr verletzt hat.

HATHOREN: »Nimm ihn bitte jetzt in Gedanken liebevoll in deine Arme.«

Ich mache das – zunächst etwas widerwillig, doch dann fällt es mir plötzlich leicht, denn aus meiner Herzensenergie heraus kann ich jetzt das große Ganze erkennen und den betreffenden Menschen als einen wichtigen Teil davon. Ich spüre Heilung in mir. Danke!

HATHOREN: »Gern geschehen.«

Vielleicht verspürst du auch gerade den Impuls, den Menschen, der gerade deine größte Herausforderung ist, zu umarmen?

Dankbarkeit und Wertschätzung – der Schlüssel für Freude, Fülle und Zufriedenheit

Bei fast allen Übungen, die ich von den Hathoren erhalte, spielen Dankbarkeit und Wertschätzung als Haltung und Ausrichtung, die aus dem Herzen gespeist wird, eine entscheidende Rolle. Ich glaube, dass der Verlust von Dankbarkeit gegenüber den Geschenken der Schöpfung dazu geführt hat, dass die Menschen in die Gier, den Neid, die Enttäuschung, das Mangelbewusstsein und die Unzufriedenheit abgerutscht sind, ohne dass es ihnen bewusst ist.

Dankbarkeit und Wertschätzung sind Emotionen einer sehr hohen Schwingung. Tom Kenyon hat uns in einem Seminar erzählt, dass ihre Frequenz der harmonischen Schwingung des Goldenen Schnitts entspricht (1,689 …) und wir, wenn wir diese Qualitäten leben, die atomaren Verbindungen unserer DNS stärken, die wundervollerweise ebenfalls dem Goldenen Schnitt entsprechen.

Wir werden sehr früh darauf ausgerichtet, immer nur das zu sehen, was uns fehlt, was wir nicht erreicht haben. Dies begann spätestens in der Schule, wenn wir unsere Leistungen und Schulnoten mit denen der anderen verglichen und dabei schlechter abschnitten.

Später, im Erwachsenenalter häuften sich dann vermeintliche Mangelsituationen, und so entstand bei vielen Menschen der Eindruck: Das Leben meint es nicht gut mit mir, ich komme immer zu kurz, bekomme nie, was ich mir wünsche, egal wie sehr ich mich abmühe. Dahinter steckt die unbewusste, traumatische Erfahrung, aus dem Urvertrauen gefallen zu sein und damit aus der Liebe.

Doch in Wahrheit waren wir nie von Vater-Mutter-Gott getrennt, wurden durch seine Liebe immer gut versorgt. Wenn wir unser Gewahrsein nicht auf den Mangel, sondern auf die Fülle um uns herum richten und ein großes DANKE dafür aus uns strömen lassen, dann verbinden wir uns automatisch wieder mit der großen Quelle, aus der wir kommen.

Es geht auch und vor allem um die Wertschätzung dessen, was wir für selbstverständlich halten: die sogenannten kleinen Dinge, die aber in Wirklichkeit essenziell für uns sind: Unser Essen, unsere Wohnung, unsere Familie und Freunde, das Auto, die Kinos und Restaurants, die Elektrizität, unsere Computer und all die vielen Dienstleistungen, die wir in Anspruch nehmen. Danke an den Arzt oder Heiler, der uns geholfen hat, Danke an den Postboten, Danke an alle Menschen, die an der Herstellung unserer Kleidung beteiligt sind und dafür zum Teil noch nicht einmal einen Mindestlohn oder einen menschenwürdigen Arbeitsplatz erhalten haben.

Ganz abgesehen von den Geschenken und Segnungen, die die Natur für uns bereithält. Danke an die Elemente, die wärmende Sonne, das erfrischende, nährende Wasser, die reinigende Luft, Danke für die Schönheit der Blumen und ihren Duft. Warum nehmen wir so vieles einfach als gegeben hin, ohne dafür dankbar zu sein? Ohne zu merken, dass darin die »Gabe« steckt?

Dankbarkeit und Wertschätzung zu üben ist angewandte Spiritualität im Alltag.

22. Übung: Segne die Situation mit deiner Herzenskraft

Wenn du aus dem Herzen heraus erschaffst, schöpfst du immer aus der Liebe und manifestierst damit reine Liebe.

Segne alles in Liebe: die Erde und die Elemente, deinen Körper und deine Seele, dein Leben und all deine vergangenen Inkarnationen. Segne deine Familie, deine Freunde, Kollegen und Nachbarn. Segne vor allem deine Ahnen und die guten Kräfte, die sie dir mitgegeben haben. Segne auch deine Haustiere, falls du welche hast.

Segne dein Haus und deinen Garten, deinen Arbeitsplatz und all die Dinge, die dir wichtig sind, deine Nahrung und Kleidung.

Segne deine Projekte, Pläne und Ideen.

Segne jeden Tag in Liebe und Dankbarkeit. Segne die gesamte Schöpfung und das Göttliche, das du bist.

Gehe nun in deinen stillen, inneren Herzensraum und frage dich: Was brauche ich wirklich? Bitte die Hathoren, dich in deiner Klarheit darüber zu unterstützen.

Finde ein Bild oder einen Satz dafür.

Füge dich darin ein wie in einen Film.

Segne die Situation mit deiner Herzenskraft.

Atme die Freude darüber tief in deinen Körper ein und aus – bis du lächelst.

Frage dann nach dem nächsten Schritt und handle im rechten Moment.

23. Übung: Kreis der Liebe, Dankbarkeit und Wertschätzung

Alle Gruppenmitglieder halten sich an den Händen, öffnen ihre Herzen und verbinden sich mit Himmel und Erde.

Öffne dein Herz ganz weit und erzeuge in dir das Gefühl von Dankbarkeit und Wertschätzung für alles, was du bist und hast, für dein Leben, für Alles, was in und um dich herum ist.

Frage dich: Wofür bist du in deinem Leben zutiefst dankbar?
Sprich die Antwort laut aus.
Erzeuge nun Liebe, Dankbarkeit und Wertschätzung für Mutter Erde.

Was wählst du, was du der Erde aus Dankbarkeit gern schenken möchtest?
Sprich es bitte wieder laut aus.

Welchen Samen möchtest du gern in die Neue Erde pflanzen?
Bitte wieder die Antwort laut aussprechen.

Zünde dann dein Licht an und stell es in den Kreis.
Schau den anderen in die Augen, fühle, dass du ein Teil des Ganzen bist.

Selbstliebe – Erinnerung an unsere göttliche Natur

Wie konnte es geschehen, dass wir uns immer mehr von unserem Gott-selbst entfernten und damit auch nicht mehr lieben konnten? Dass wir erst Jahrtausende lang in der Dunkelheit umherwanderten, um jetzt endlich wieder dem Licht unserer Seele entgegenzulaufen? Sie empfängt uns mit offenen Armen, wie eine Mutter ihr Kind, wie der Vater den verloren geglaubten Sohn. All die Angst, all die Illusionen und der Schmerz verlassen nun endgültig unseren Tempel, damit die Liebe und vor allem die Selbstliebe wieder ihren Raum einnehmen können.

Dies ist für Menschen, die ihren Wert, ein »Gutmensch« zu sein, daran messen, viel für andere und möglichst nichts für sich selbst zu tun, eine echte Herausforderung. Sich selbst so zu lieben wie den Nächsten ist für viele unvorstellbar und schon gar nicht praktikabel – denn woher sollen sie die Zeit dazu nehmen, sich um die eigenen Bedürfnisse ebenso zu kümmern wie um die der anderen? Und fühlt man sich nicht viel zufriedener, wenn man sich für andere aufgeopfert hat und dafür Mitgefühl, Respekt und Achtung geerntet hat?

Selbstliebe als Egoismus zu bezeichnen und aus Gefühlen von eigenem Unwert und Nichtigkeit abzulehnen ist, als schlüge man dem Schöpfer sein größtes Geschenk an uns aus der Hand.

Selbstliebe ist ein Geburtsrecht und eine Notwendigkeit, um in der Gemeinschaft überhaupt seinen eigenen Platz einnehmen zu können.

Die Liebe zu uns selbst befreit auch die anderen von ihrer Bedürftigkeit, gibt ihnen Raum für die Selbstentfaltung und überhaupt erst die Möglichkeit, positive Erfahrungen zu machen. Indem ich nicht nur sage: »Ich kann nicht mehr (weil ich erschöpft bin)«, sondern: »Ich will nicht mehr, weil ich dir zutraue, dass du es allein kannst« – habe ich wieder einen Menschen mit seiner eigenen Selbstliebe konfrontiert.

Selbstliebe in den Zeiten des Wandels ist eine absolute Notwendigkeit – besonders für diejenigen unter uns, die mit ihrem Licht vorangehen. Es bringt uns in unsere Mitte, baut eigene Ressourcen auf und gibt uns die Kraft, für andere in stürmischen Zeiten ein Fels in der Brandung zu sein. Selbstliebe ist ein Schlüssel für Glück, Fülle und Bewusstsein, und sie ist ebenso wie die Liebe zum Nächsten Liebe in ihrer höchsten Form.

Mit der folgenden Hathoren-Übung kannst du lernen, anzunehmen und bedingungslos zu geben.

24. Übung: Für die Selbstliebe mit dem Spiegel

Lege dir einen Handspiegel bereit, in dem du dein Gesicht gut sehen kannst.
Schließ deine Augen und entspanne dich. Nimm dich in deinem Körper wahr, vom Kopf bis zu den Füßen.
Welche Beziehung hast du zu deinem Körper, deinem Aussehen? Schaust du dich gern im Spiegel an? Welche Gedanken und Gefühle kommen, wenn du dich nackt im Spiegel siehst?
Bewertest du dein Äußeres häufig negativ?
Öffne nun deine Augen und schaue in den Handspiegel.
Sprich laut, so dass du es hören kannst:
»Ich schaue in den Spiegel und sehe ...«
Beantworte dir etwa 3 Minuten lang diese Frage und atme dabei lang und tief.
Schließe nun wieder deine Augen.

Du bist mehr als dein Körper, dein Gesicht, dein äußeres Erscheinungsbild. Du bist Seele, Geist, Herz, ein spirituelles Wesen im grobstofflichen Gewand.
Öffne deine Augen und sprich laut:
»Ich schaue in den Spiegel, und ich bin ...«

Was bist du? Beantworte dir diese Frage wiederum einige Minuten
lang und atme lang und tief.

Schließe wieder deine Augen.

Stell dir nun vor, es ist Gott, der dir da im Spiegel entgegenblickt,
was würde er zu dir sagen? Öffne deine Augen und beantworte dir
dies wieder einige Minuten lang.

Zum Schluss schaue in den Spiegel und sage 2 bis 3 Minuten zu dir:

»Ich liebe dich,
ich liebe dich,
ich liebe dich ...«

Geschenke annehmen –
von dir wünsche ich mir

An den meist verschlossenen hinteren Herzchakras kann man gut erkennen, dass viele Menschen Probleme mit dem Empfangen haben. Die Geschenke der anderen anzunehmen, ohne gleich etwas zurückzugeben, fällt besonders Lichtarbeitern schwer. Sie sind es gewohnt zu geben, zieren sich zu nehmen, und dies kann schlimmstenfalls in den Mangel und in die Selbstaufgabe führen. Manche verwechseln das mit Hingabe. Doch Hingabe heißt, ganz und gar im Vertrauen zu sein, dass alles zu meinem höchsten Wohl und zum Wohle aller anderen geschieht, also darf ich auch nach Herzenslust nehmen.

Die Erde verschenkt sich an uns in verschwenderischer Fülle, wir dürfen ihre Früchte mit allen Sinnen genießen. Die Menschen sind in ihrer ursprünglichen Natur zutiefst liebende Geschöpfe, baden wir also in ihrer Liebe und Freundschaft.

Die Hathoren sagen: »Warum seid ihr nicht in der Balance von Geben und Nehmen? Warum fällt es euch so schwer, andere um etwas Liebevolles zu bitten? Wenn ihr Teil einer Gemeinschaft auf der Neuen Erde sein wollt, dann beginnt damit, um etwas zu bitten und es anzunehmen« – und es hört sich wieder einmal ganz einfach an.

Dies sind einige Beispiele, um das Geben und Annehmen zu üben:

»Ich wünsche mir einen Spaziergang mit dir.«

»Ich wünsche mir, dass du mich heute Abend in Liebe und Frieden einhüllst.«

»Ich wünsche mir, dass du heute für mich betest, damit ich meine Angst vor (...) loslassen kann.«

»Bitte zünde morgen, wenn ich operiert werden soll, eine Kerze für mich an.«

»Ich wünsche mir, dass du heute etwas Schönes für mich kochst und mit mir zusammen isst.«

Die nächste Gruppenübung zum Thema liebe ich besonders, weil sie einige Überraschungen bereithält.

25. Übung: Für die Erfüllung von Wünschen

Bildet einen Kreis und nehmt eine Person in die Mitte, deren Augen verbunden sind.

Dreht sie wie bei »Blinde Kuh« und wechselt auch euren Platz.
Die Person in der Mitte öffnet ihr Herz, bewegt sich im Kreis und spürt in sich hinein, von welcher Person sie sich angezogen fühlt. Sie stellt sich vor diese hin, streckt die Hände aus, verbindet sich mit den Händen der anderen Person und sagt: »Von dir wünsche ich mir …« Und dann folgt der Wunsch, zum Beispiel, »dass du dir morgen 10 Minuten Zeit nimmst und mir Vertrauen sendest oder vollkommene

Gesundheit oder mir etwas ganz besonders Liebevolles sagst« – und so weiter, da ist eurer Kreativität keine Grenzen gesetzt. Allerdings muss euer Gegenüber den Wunsch auch erfüllen können oder wollen. Danach wird gewechselt, bis alle in der Gruppe an der Reihe waren.

Erfahrungen

Ich finde es immer spannend, wer wen aussucht und welche Anziehungskräfte da wirksam sind. Oft ist es so, dass manche Menschen immer wieder gewählt werden, weil sie beispielsweise besonders viel Vertrauen und Gelassenheit ausstrahlen oder Fröhlichkeit und Lebensfreude versprühen.

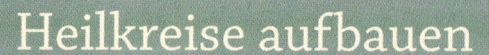

Heilkreise aufbauen

Wenn wir in einer Gruppe einen Heilkreis erschaffen, dann laden wir Lichtwesen dazu ein, die die Energie dessen, was wir erreichen wollen, verstärken. Es ist wichtig, einen Raum zu reinigen und zu segnen und ihn liebevoll zu schmücken (durch Tücher, Kerzen, Blumen, Kristalle, ein Bild der Hathoren und dergleichen), bevor wir mit der Zeremonie beginnen, so wie wir unsere Wohnung herausputzen und den Tisch schön decken, bevor Gäste kommen.

Ein Heilkreis ist wie ein »Tempel der Heilung«, ein hochschwingender Raum, in dem Wunder möglich sind.

Die Hathoren geben mir immer wieder zu verstehen, dass das Zusammenkommen in einer Gruppe, die eine Absicht zum höchsten Wohl aller verfolgt, eine großartige Wirkung hat.

Auch die »Fernwirkung« auf Menschen, die vielleicht krank in ihrem Bett liegen oder viele Kilometer entfernt emotionale Stabilität brauchen, ist ganz erstaunlich.

Wenn wir hohe Lichtwesen einladen, kommen sie auch, deshalb gehen wir sehr achtsam und liebevoll vor, im Bewusstsein, mit mächtigen Energien zu arbeiten.

Beim folgenden Heilkreis für die Kinder dieser Welt bietet es sich an, neben den Hathoren auch einige Engel und die Wale und Delfine einzuladen.

26. Übung: Heilkreis für die Kinder unserer Welt

Wir stellen uns im Kreis um die geschmückte Mitte auf und halten uns an den Händen.

Wir atmen Stille und Frieden tief ein und aus. Nötigenfalls reinigen wir den Raum mit der Violetten Flamme der Transformation.

Nun öffnen wir unser Herz weit, fühlen Liebe und Dankbarkeit und lassen dies nach oben zur göttlichen Quelle und nach unten ins Herz von Mutter Erde fließen.

Jetzt erbauen wir einen goldenen Tempel aus Licht und heißen folgende Lichtwesen in den Raum:

- *die Hathoren*
- *Erzengel Rafael für Heilung auf allen Ebenen*
- *Erzengel Chamuel für die Heilung emotionaler Wunden*
- *die Schutzengel aller Kinder*
- *Lady Nada und Kwan Yin*
- *Mutter Maria*
- *feinstoffliche HeilerInnen*
- *die Energie der Wale und Delfine*
- *das Urvertrauen aus dem Bauch von Mutter Erde*
- *das kristalline Schöpferlicht*

Wir laden die Kinder dieser Welt ein, in unseren Raum zu kommen, öffnen unser Herz und bitten sie in unser Herz. Wir öffnen unsere Arme und heißen sie willkommen, unsere Wärme zu spüren. Wir wiegen sie und geben ihnen, was sie brauchen ...

Möge die geistige Welt nun ihre heilenden Kräfte wie aus einem Füllhorn über die Kinder ausschütten, heilende Bäder, Quellen und Ströme entstehen lassen, in denen die Kinder ihre körperlichen und emotionalen Wunden heilen lassen können.

Lichtvolle Engelhände legen sich auf die Kinder und umfangen sie mit ihrer Liebe.

Feinstoffliche HeilerInnen reinigen ihre Felder von Schmerz, Gewalt, Leid und Traurigkeit.

Wale singen für die Kinder, und Delfine spielen mit ihnen und geben ihnen ihre Fröhlichkeit und ihr Lachen zurück.

Alle Erwachsenen dieser Welt halten schützend und liebevoll ihre Hände über die Kinder.

Wir bitten um den goldenen Regen des göttlichen Segens, der sich über alle Menschen ergießt.

Danach bedanken wir uns bei der geistigen Welt und lösen den goldenen Tempel wieder auf.

Eine Neue Erde miterschaffen

Immer wieder erinnern mich die Hathoren daran, wie wichtig es ist, dass wir uns mit Mutter Erde in Liebe verbinden. Sie ist unsere Urmutter, sie tröstet uns, schenkt Vertrauen und Sicherheit. Sie ist die Manifestation des Göttlichen. Mutter Erde lebt und atmet, ihr Herz ist warm und groß und voller Liebe für ihre Bewohner. Die Hathoren schwärmen immer von ihrer Schönheit – sie scheint unvergleichlich zu sein im Universum. Kein anderer Planet verfügt anscheinend über so eine Landschafts- und Artenvielfalt wie die Erde.

27. Übung: Eins-Sein mit der Natur

Lege dich auf die Erde, ins Gras, unter einen Baum, breite die Arme aus und fühle, genieße die Erde unter dir, wie sie dich trägt und nährt. Nehme ihren Atem wahr, ihr Pulsieren, ihre Wärme und Lebendigkeit. Fühle ihre Liebe und gebe sie ihr aus vollem Herzen zurück.
Sprich dabei laut:

»Ich liebe das Leben.«
»Ich liebe die Elemente und Naturgeister.«
»Ich liebe die Menschen.«
»Ich liebe die Tiere, Pflanzen, Mineralien.«
»Ich liebe mich.«
»Ich liebe die Schöpfung.«

Verschmelze mit der Seele eines Baumes, höre ihm zu, er erzählt dir eine Geschichte. Schöpfe Mut und Kraft aus dem Leib des Baumes.

Betrachte eine Blume, eine Ameise, das quirlige Wasser des Baches aus dem Herzen. Du siehst damit viel mehr als mit bloßem Auge. Pflücke eine Himbeere oder anderes Obst, Kräuter und dergleichen und erfahre sie mit allen Sinnen. Betrachte sie mit Staunen und Liebe, schmecke sie mit Liebe. Auf diese Weise schenkt sie deinem Körper noch mehr Heilkraft.

Sende mit jedem Schritt, den du tust, Liebe und Dankbarkeit in die Erde. Deine Absicht genügt.

28. Übung: In die Frequenzen der Schöpfung eintauchen

Diese einfache Meditation erlaubt uns, »Bewusstseinsfelder« zu erschaffen, um die Energien dessen, was uns umgibt, besser spüren zu können. Sie entstand, als ich mit meiner Yogagruppe an einem heißen, schwülen Sommerabend nach draußen auf die Wiese ging und alle sich entspannt auf ihre Matten gelegt hatten.

Ich bat nun meine »Yoginis«, die Erde unter sich wahrzunehmen und in die Energie der Inneren Erde einzutauchen, dann in die der oberen Erde, des Mondes, der planetarischen Sonne, der Planeten, der Sterne und der galaktischen Urzentralsonne.

Ich weiß ja, dass die Hathoren uns gern kitzeln und berühren, doch jetzt war eine so große Gruppe von ihnen anwesend, dass meine Leute sich fortwährend kratzten, schüttelten, als wollten sie lästige Insekten vertreiben. Ich musste innerlich grinsen, denn es waren so gut wie keine Mücken da, vielleicht die eine oder andere kleine Ameise.

Die Hathoren fühlen sich einfach von bewussten Menschen in der Natur angezogen. Sie freuen sich dann wie Kinder über uns und unsere Bereitschaft, sich auf die Geschenke der Schöpfung einzulassen.

Ablauf der Übung

Setze oder lege dich entspannt irgendwo in die Natur und atme lang und tief.

Nimm die Erde unter dir wahr und sende ihr deine Liebe und Wertschätzung bis in ihr Herz hinunter.

Tauche nun ein in die Energie der Inneren Erde. Einfach, indem du es beschließt. Lass dich ganz von dieser besonderen Kraft erfüllen.

Bade dann in der Kraft der oberen Erde, deiner derzeitigen Heimat. Tauche ein in die Schwingungsfrequenz des Mondes, der planetarischen Sonne, der Planeten Venus, Merkur, Jupiter, Saturn, Uranus, Neptun und Pluto.

Begib dich nun in das Bewusstseinfeld einiger Sterne wie Arcturus, Sirius oder der Plejaden.

Schwinge dich zum Schluss ein in die Energie der galaktischen Urzentralsonne.

Nimm dich nun wieder auf der oberen Erde wahr, in deinem Körper.

29. Übung: Lichtmedizin der Hathoren für die Meeresbewohner

In einer ihrer Botschaften hat Tom Kenyon von den Hathoren die »Lichtmedizin« (6) empfangen. Mit dieser wundervollen Methode kann jeder für sich selbst oder andere sein Trinkwasser so mit Licht »informieren«, dass es eine heilende und schützende Wirkung vor Radioaktivität, Viren, Bakterien, Pilzen und Giften haben soll. Dies ist vor allem für Menschen in Katastrophengebieten ein Segen, wo Medikamente knapp oder gar nicht vorhanden sind. In Gebieten, in denen Wassermangel herrscht, raten die Hathoren, das eigene Körperwasser als Lichtmedizin zu programmieren.

Ich selbst habe diese Methode mehrfach ausprobiert und herausgefunden, dass sie das Immunsystem stärkt und den Körper reinigt und klärt. So kannst du deine Lichtmedizin selbst herstellen:

1. Setze dich gerade hin und verbinde dich mit deiner himmlischen Seele BA. (Führe kurz deine Fingerspitzen über dem Kopf zusammen, dort ist der BA-Punkt.)

2. Erzeuge Dankbarkeit und Wertschätzung für BA.

3. Bekräftige und erwarte voll Absicht, dass sie dir eine Energie schickt, die dich heilt und schützt (etwa vor Radioaktivität, Viren, Bakterien oder Giften).

4. Warte, bis die Energie von BA zu dir hinabsteigt, und empfange sie dann in deinem Herzzentrum.

5. Nimm ein Behältnis mit Wasser und lass die Heilenergie aus deinem Herzzentrum über deine Arme und Hände direkt in dein Wasser fließen.

6. Wiederhole dies insgesamt 3 Mal.

7. Trinke dann das Wasser wie eine kostbare Heilessenz.

Die Hathoren haben mich gebeten, die Lichtmedizin auch für die Meere und ihre Bewohner herzustellen. Daraus entstand die folgende Meditation.

Reise zur Herstellung von Lichtmedizin

Setze dich bequem hin, nimm ein paar tiefe Atemzüge und entspanne dich auf deine Weise.

Stell dir vor, wie sich eine wunderschöne Lichtkugel durch dein geöffnetes Kronenchakra direkt in dein Herzzentrum hinabbewegt und sich dort ausdehnt, bis du ganz von ihm durchdrungen und umschlossen bist.

Pause

Diese goldene Lichtkugel gewährleistet, dass du in die höheren Reiche reisen kannst, ohne von zu hochfrequenten Energien überlastet zu werden.

Visualisiere nun um dich herum eine goldene Spirale. Sie ist dein Gefährt, und du reist mit ihr sicher und geborgen. Die Spirale ist an ihrem unteren Ende mit der Erde verbunden, so dass du den Kontakt zur Erde nicht verlierst – nach oben bleibt sie geöffnet und verjüngt sich.

Nimm nun wahr, wie du in der Spirale langsam hinauf in den Himmel schwebst.

Während du dich immer weiter nach oben schraubst, die Wolkendecke durchdringst, kommst du in einen sehr stillen schwarzblauen Bereich des Universums, weit von der Erde entfernt ...

Pause

Du ziehst deine Bahnen, vorbei an Planeten, Galaxien und Spiralnebeln, und dein Gefühl, hinauf geflogen zu sein, verliert sich immer mehr. Es ist eher so, als würde alles, was um dich ist, dich durchflutet, mit dir verschmilzt, mit dir eins. Du gehörst dazu, bist ein Teil der Schöpfung ...

Pause

Nun kannst du erkennen, dass deine Reisespirale dich direkt zu einer strahlenden Lichtpyramide in der fünften Dimension bringt. Schon von Weitem siehst du eine Gruppe von Hathoren, die an den Toren wartet und dich hineinführt. Ein Kristallstuhl steht bereit, auf dem du Platz nimmst, um die Lichtmedizin für die Weltmeere und ihre Bewohner zu kreieren.

Bitte dann die Hathoren, dir zu helfen, all deine Chakras zu klären und zu aktivieren, damit dein Heilkanal rein und klar ist.

Pause

Beginne die Lichtmedizin herzustellen:

1. Setze dich gerade hin und verbinde dich mit deiner himmlischen Seele BA.
2. Erzeuge Dankbarkeit und Wertschätzung für BA.
3. Bitte um eine Heilenergie, die die Gewässer der Meere, besonders den Pazifik um Japan heilt und schützt (etwa vor Radioaktivität, Viren, Bakterien oder Giften).
4. Bitte darum, dass BA dir eine Heilenergie sendet, die die Wale und Delfine und auch die anderen Tiere des Meeres vor Radioaktivität und auch vor den Folgen der Ölpest schützt.
5. Warte, bis die Energie von BA zu dir hinabsteigt, und empfange sie dann in deinem Herzzentrum.
6. Wiederhole das insgesamt 3 Mal.

Dein Herz ist nun erfüllt von Lichtmedizin. Erhebe dich von deinem Kristallstuhl, verabschiede dich von den Hathoren, die dich aus der Pyramide hinausbegleiten. Sofort bist du wieder von deinem Reisegefährt, der goldenen Spirale, umgeben und fliegst in Richtung Erde.

Du siehst die Erde vor dir, siehst das mächtige, strahlende Christusgitternetz, das wie eine riesige Blume des Lebens die Erde umspannt und durchdringt.

Du siehst Wale und Delfine, die Hüter der Erde, um sie herum schwimmen wie in einem riesigen Ozean des Universums.

Es ist nun an der Zeit, die Lichtmedizin, die du in deinem Herzen aufbewahrst, in die Meere zu geben. Nimm wahr, wie die Heilenergie aus deinem Herzen in deine Arme und Hände fließt, öffne dein Handchakras und halte deine Hände über die blauen Weltmeere, besonders in den Pazifik um Japan herum und am Golf von Mexiko. Kannst du sehen, wie gleißendes Licht in das Wasser strömt? Stell dir vor, wie sich das Meer reinigt und in eine heilende Essenz verwandelt!

Pause

Mittlerweile versammeln sich die Wale und Delfine des kosmischen Universums um dich herum. Wende dich ihnen zu und richte auch deine heilenden Hände auf sie. Spüre ihre Freude und ihre Dankbarkeit.

Pause

Und dann, langsam, ganz langsam, reist du in deiner Spirale wieder hinab auf die Erde, nimmst Kurs auf Europa, Deutschland, den Ort, an dem deine Reise begonnen hat.
Nimm über die Handflächen Kontakt mit der Erde auf und konzentriere dich dabei auf deine Knochen.

Andreas Bericht

Es war kurz nach der Katastrophe in Fukushima, als wir beim Yoga eine Meditation zur Heilung der Delfine und Wale machten. Kurz vorher hatten die Hathoren die Botschaft mit der Herstellung von Lichtmedizin übermittelt. In der Meditation verankerten wir uns durch eine goldene Reisespirale in der Erde und reisten mit ihr in eine Lichtpyramide in die fünfte Dimension.

Diese Lichtpyramide hat mich sehr ergriffen. Es war wie ein Ankommen. In einer vorherigen Meditation wollte ich schon gar nicht mehr zurückreisen, weil ich so eine starke Verbindung mit den Hathoren spürte und einem grünen Licht, das mich magisch anzog. Die Hathoren erwarteten mich am Eingang zur Pyramide. Auf einem Kristallstuhl sitzend kreierte ich nun die Lichtmedizin für die Wale, Delfine und die Meere unter Anleitung der Hathoren.

Trotz der unfassbaren Katastrophe in Japan und meine Angst um die Wale und Delfine des Meeres, mit denen ich mich sehr verbunden fühle, war die Herstellung mit großer Leichtigkeit möglich und von Freude begleitet. Wieder einmal überraschten mich die Hathoren mit ihrer Leichtigkeit. Die im Herzen gespeicherte Lichtmedizin habe ich dann zurück auf die Erde gebracht und an die Bewohner der Meere verteilt.

So viel Liebe ist in diesen Moment geflossen – es war wunderschön. Was für ein herrliches Gefühl es doch ist, ein so intensives Heilungsmittel zu kennen, das ich nun auf alles anwenden kann, was der Heilung bedarf, und das ich auch zu jeder Zeit anwenden kann, weil es aus meinem Inneren kommt.

Danke den Hathoren für ihre Verbindung zu uns!

Wir kommen alle aus derselben Quelle, demselben strahlenden Stern, den du vielleicht Gott nennst oder den Schöpfer allen Seins. Als du noch wusstest, dass du ein Teil dieser Quelle bist und verschmolzen mit allen und allem, kanntest du das Gefühl der Trennung nicht und hast dich auch nicht als Individuum wahrgenommen, denn du warst ja selbst die Quelle. Dies änderte sich sofort, als du und viele andere sich entschlossen, ihren Samen von Licht und Liebe auf die Erde und andere Planeten zu senden und somit ihren »Dienst« anzutreten.

So geschah Trennung und Individualisierung, Fremdheit und ein tiefer Schlaf des Vergessens senkte sich über euch.

Doch jetzt, in der Zeit des Erwachens, beginnen sich die Sternenkinder, die einst zusammen waren, erneut zu begegnen. Möglicherweise hast du ganz viele verwandte Seelen um dich herum.

Durch diese Gruppen-Übung kannst du sie erkennen.

30. Übung: Begegnung der Sternengeschwister

Geht zu zweit zusammen, setzt euch entspannt gegenüber und schließt die Augen.

Stell dir die Quelle als eine mächtige, weißgoldene, kristalline Energie vor, eine strahlende Sonne, einen Stern voll Liebe und Bewusstsein – deine Heimat. Kannst du dich erinnern? Du warst niemals wirklich von ihr getrennt.

Öffne dein Herz und begib dich in den Zustand der allumfassenden Liebe. Dies erreichst du, indem du dich noch einmal ganz bewusst mit deiner Seelenheimat, dem großen Stern, verbindest.

Allein deine Bereitschaft, diese Verbindung bewusst zu spüren, öffnet dir alle Tore, zeigt dir alle Wege zurück in die Einheit deines ursprünglichen Selbst.

Dein Lichtkörper beginnt zu leuchten und zu funkeln, denn reines, göttliches Licht strahlt ungehindert auf dich.

Das Zentrum deiner Liebe ist dein Herz – wobei natürlich alles in dir und was dich umgibt Liebe ist. Doch als fühlendes, menschliches Wesen empfindest du Liebe im Bereich deines Herzens.

Lege nun deine Hände auf dein Herz und schöpfe daraus Liebe, für dich selbst, für alles, was ist.

Nimm dann die Hände deines Gegenübers in deine Hände, öffne deine Augen und schaue ihm/ihr direkt in die Augen. Was nun geschieht ist wie ein »Verlieben« auf höherer Ebene.

Du siehst den Menschen vor dir, erkennst ihn wieder, wie einen Bruder, eine Schwester, ein Teil, der zu deinem Eins-Sein gehört.

Lege nun deine Hände auf dein eigenes Herz, bleibe einen Moment ganz bei dir und wende dich dann erneut noch einmal mit Händen und Blick dem anderen zu. Fühlst du den Unterschied?

Verabschiedet euch dann auf eure Weise und beendet die Übung.

Ich habe einen neuen Club kennen gelernt: In diesem Club sind die ewig Müden oder partiell Schlaflosen, die Mutlosen und Zweifler, diejenigen, die glauben, dass sich alle bewusstseinsmäßig weiterentwickeln – nur sie selbst nicht. Es gibt auch diejenigen, die der festen Überzeugung sind, ohnehin nie das manifestieren zu können, was sie sich wünschen, und es gibt die Zipperleingeplagten, die wieder von Krankheiten heimgesucht werden, die sie eigentlich schon längst als »geheilt« entlassen glaubten. Aber auch die Seminar- und Channeling-Müden sind Mitglied in diesem Club und die, die immer noch mit ihren Entscheidungen ringen, obwohl ihr Herz schon längst entschieden hat.

Vielleicht bist du dort auch »ordentliches Mitglied« oder fühlst dich irgendwie angesprochen? Dann bist du eine / einer von uns vielen, die die Wellen des Wandels mal mehr, mal weniger gut reiten.

Die Hathoren betrachten unser Treiben mit viel Humor und Mitgefühl und betonen immer wieder, wie viel einfacher wir es doch haben könnten, wenn wir uns mit ein paar grundlegenden Dingen beschäftigen würden. Dazu haben sie uns wiederholt kleine, aber sehr effektive Übungen und »Herzensanstöße« gegeben, die ich gern mit euch teilen möchte.

Woher kommt diese unendliche Müdigkeit, die von der Schulmedizin seit Jahren als »chronisches Müdigkeitssyndrom« diagnostiziert wird, ohne dass jemand so recht weiß, welchen Ursprung es ist?

Die Hathoren sagten mir, dass wir dabei sind, aus einem großen, langen und tiefen Schlaf zu erwachen, der wie ein »dreidimensionales Seelenwinter-Koma« auf unseren physischen und unsere feinstofflichen Körper eingewirkt hat. Nun befinden wir uns im Aufwachstadium, sind noch nicht wirklich ganz präsent, reiben uns die Augen und würden uns eigentlich noch einmal gern umdrehen und weiterschlafen.

In dieser Phase werden alte, unerlöste Aspekte unseres irdischen Lebens entfernt, Krankheiten aus dem Zellbewusstsein gelöscht, Wunden, Schmerzen und Traumata, die durch Gewalt und Tod entstanden sind, durch die Herzenergie des Christuslichts umgewandelt. Alles, was sich durch Äonen von Jahren auf submolekularer Ebene festgesetzt hat, kommt jetzt ins Fließen und damit in die Heilung. Wie von einem geistigen Blitzlicht des Bewusstseins wird unsere Vergangenheit noch einmal im Vorübergleiten gestreift und zeigt uns vielleicht die eine oder andere Wunde, die noch geheilt werden möchte.

All dies kann müde machen, Schmerzen in den Knochen und Gelenken verursachen, unseren Blick verschwimmen lassen (weil uns noch die vollkommene Klarheit fehlt) und depressiv stimmen und vieles andere mehr. Der »Umbau« unserer grob- und feinstofflichen Systeme ist so vielschichtig und kompliziert, dass es uns noch mehr verwirren würde, wenn wir uns intensiv damit beschäftigten. Es geht auch nicht darum, alles verstehen zu müssen, sondern vielmehr darum, aus dem Herzen heraus zu fühlen und zu handeln.

Die Leichtigkeit wohnt in unserem Herzen seit ewigen Zeiten, doch der dunkle, schwere Schatten der Angst liegt über ihr. Es ist nun an der Zeit, uns wieder daran zu erinnern, dass wir aus der Liebe kommen und Liebe sind. Liebe ist leicht und freudvoll und das Leben in all seinen Facetten ein Fest der Sinne.

Die Hathoren raten dir:

Geh hinaus in die Natur, nimm sie in ihrer zauberhaften Schönheit wahr, und du kannst überall in ihr die Leichtigkeit entdecken: im Flügelschlag eines Schmetterlings, den bewegten Blättern im Sommerwind, im Plätschern eines Baches oder wenn du Tierkinder beim Spielen beobachtest.

Schwimme mit im Strom des Lebens, nimm die Zyklen des Seins als naturgegeben an und gib dich ihnen hin anstatt dagegen anzukämpfen. Das ist Anmut.

Reise so oft wie möglich ins Innere der Erde, nimm Kontakt mit den Feuerwesen auf. Du wirst dich sogleich leichter und freudvoller fühlen.

Übe dich im Dankbar-Sein, und dein Leben wird sich völlig verändern.

Danke der Sonne, der Kuh, die dir Milch für deinen Kaffee gibt und dem Kind, das dich anlächelt. Danke deinem Körper und dem Haus, in dem du wohnst. Es gibt jeden Tag so viel zu danken.

Aktiviere deinen KA-Körper regelmäßig.

Der KA-Körper ist unser pranischer Körper, das ätherisches Doppel, das uns umgibt und den physischen Körper durchdringt. Durch ihn nehmen wir universelle Lebensenergie auf und verteilen sie mit der Pranaröhre im Körper.

Wenn wir einen starken KA-Körper haben, ist auch unser physischer, emotionaler und mentaler Körper gesund und unsere spirituelle Entwicklung beschleunigt sich rasant.

Erschöpfung, Burnout, keine spürbare Verbindung zu den himmlischen Reichen oder zur Erde sind oft Zeichen eines geschwächten KA-Körpers. Die Hathoren haben durch Tom Kenyon empfohlen, unseren KA-Körper regelmäßig aufzuladen, beispielsweise durch Sonnenlicht im Solarplexus. (7) Wenn wir unseren KA-Körper stärken, heben wir unser Bewusstsein an und erhöhen seine psychomagnetische Energie, dadurch können wir bedeutend schneller manifestieren. Schuldgefühle und Scham hingegen schwächen den KA-Körper.

Ablauf der Übung

Lege dich in die Sonne und entspanne dich oder stell dir die Sonne vor.

Lenke deine Aufmerksamkeit auf deinen KA-Körper.

Atme ein und ziehe die feinstofflichen Energien der Sonne in dein KA.

Oder: Ziehe die Energie der Sonne in den Solarplexus, die überschüssige Energie fließt dann in deinen physischen Körper.

32. Übung: Hingabe macht frei

Hingabe in Zeiten des Wandels fordert unser absolutes Vertrauen in die göttliche Ordnung. Hingabe bedeutet das Aufgeben aller Erwartungen, Wünsche, Vorstellungen, Lösungsmöglichkeiten und Ergebnisse, denn diese stammen meist aus dem Ego und unserem Verstand, der sie sich aus den Erfahrungen der Vergangenheit und den Visionen über die Zukunft kreiert hat.

Ich bin die Hingabe.
Ich wiege mich wie die Palme
im Wind in den mächtigen
Stürmen des Übergangs.
Voller Vertrauen nehme ich
alles so an, wie es ist, denn die
Weisheit des Schöpfers ist
grenzenlos, unergründlich
und voller Gnade.
(aus dem Hathoren-Kartendeck)

Wir leben in einer Zeit des globalen Bewusstseinswandels, durch den sich unser kollektives und individuelles Leben komplett verändert, besonders dann, wenn wir uns dazu entscheiden, den Weg der Liebe (Herz), des Lichts (Gott) und des Bewusstseins (Geist) zu gehen.

Dies bedeutet alles hinter sich zu lassen, was uns in die Schwingungsfrequenz der Angst, der Sorgen, des Nicht-Bewusstseins verstrickt.

Hingabe macht uns frei. Wir lassen uns scheinbar ohne Netz und doppelten Boden rückhaltlos fallen – und landen wie selbstverständlich in den liebenden Händen des Schöpfers. Hingabe beinhaltet Geben und Nehmen in Balance, denn das eine bedingt das andere. Im Grunde genommen ist das Bekenntnis zur Neuen Zeit die größte Prüfung, die wir, was unser Vertrauen angeht, bestehen müssen, und doch hatte unsere Seele die Wahl: im Prozess des Wandels und auf der Neuen Erde dabei zu sein – oder nicht.

Ablauf der Übung

1. Setze oder lege dich entspannt hin, atme lang und tief und beginne damit, deinem Körper liebevolle Aufmerksamkeit zu schenken. Frage dich: Wie geht es meinem Körper gerade, wie fühlen sich mein Kopf, mein Bauch, mein Becken gerade an? Wie fühle ich mich? Dies ist wie eine Bestandsaufnahme, in der du aber nicht bewertest, sondern nur wahrnimmst.

2. Geh nun mit deiner Aufmerksamkeit in deinen Herzensraum und nimm die Stille, den Frieden in deinem Herzen wahr. Merkst du, wie gut sich das anfühlt? In deinem Herzen herrscht immer ewige Freude, Liebe und Leichtigkeit.

3. Bekräftige jetzt die Bereitschaft, deine Seelenaufgabe aus ganzem Herzen anzunehmen, auch dann, wenn sie dir noch unbekannt ist.

4. Verankere deine Hingabe in deinem Alltag. Dies bedeutet:

▲ alles, was dich nicht mehr nährt, unterstützt oder dir nicht mehr gut tut, loszulassen, ohne dir Hintertürchen offen zu lassen

▲ Impulsen zu folgen, die direkt aus deinem Herzen kommen

▲ dich mehr auf das Hier und Jetzt zu konzentrieren

▲ keine langfristigen Pläne mehr zu schmieden, sondern dich nur auf absolutes Vertrauen auszurichten

▲ dich vor dem kollektiven »Angstkörper« zu schützen durch das grün-silbern-goldene Licht und Atmen durch das Herz

▲ Dinge zu tun, die leicht und freudvoll sind

▲ dich bewusst zu öffnen für geistige Führung aus den himmlischen Reichen (auch die Hathoren sind für dich da, wenn du sie rufst)

▲ Visionen für ein Leben auf der Neuen Erde, zum Wohle aller, aus dem Herzen zu kreieren

33. Übung: Eine Reise in die Liebe – die Große Venus-Meditation

Die Inspiration für die Große Venus-Meditation schenkten mir die Hathoren bereits im Venusjahr 2011. Im Oktober des Vorjahres schüttete die Venus ihr Füllhorn in Form von venusischem Plasma über der Erde aus. Immer mehr dieser elektromagnetischen Teilchen gelangen seitdem stetig auf unseren Planeten und bringen die Information der Liebe und Harmonie, der Schönheit, der weiblichen Weisheit und des Bewusstseins mit sich. Dies sind die Qualitäten der Neuen Energie, und es scheint so, als würde die Venus, der »Schwesterplanet« der Erde, uns in der Neuen Zeit liebevoll unterstützen. Ich bin davon fest überzeugt, denn ich habe auch die Sieben Tempel in den ätherischen Dimensionen der Venus wahrgenommen, die die spirituelle Lehrerin Solara (8) beschreibt und die unter der Regentschaft von Sanat Kumara und Lady Venus stehen. Diese Tempel sind unter anderem Eintrittstore in ein Neues Bewusstsein von Liebe, Partnerschaft, Gnade und Vergebung, Wahrheit, Klarheit und das Annehmen der eigenen Meisterschaft hier auf der Erde.

Ich habe die Sieben Tempel für die Initianten mit Leben gefüllt, so wie es mir die Hathoren gezeigt haben. Ich schlage dir vor, passende Musik herauszusuchen und auf eine CD zu kopieren. Ich habe für jeden Tempel eine andere Musik gewählt und für die Reise zur Venus und zurück auf die Erde wiederum eine andere. Die Musik ist ein wichtiger Herzöffner.

Du wirst in dieser Meditation unter anderem den Aufgestiegenen Meistern Sanat Kumara und Lady Venus sowie den 77 Kumaras begegnen. Sanat Kumara, der ursprünglich von der Venus stammt, hat sich bereiterklärt, Hüter und Logos des Planeten Erde zu sein. Er brachte den mystischen Ort Shambhala in die ätherischen Ebenen der Wüste Gobi und befreit uns von der Schwere des irdischen Lebens. Er hilft uns, in allem auf der Erde die Liebe und den Geist des Schöpfers zu erkennen und ermutigt uns, unser wahres Potenzial zu entwickeln und zu verwirklichen. Sanat Kumara ist der Herr der Riten, der Meister der Einweihungen.

Seine Zwillingsflamme ist die Aufgestiegene Meisterin Lady Venus. Sie strahlt bedingungslose, alles verzeihende Liebe und Schönheit des Herzens aus. Ihre Sanftmut vermag alte Wunden im Emotionalkörper zu heilen, und ihre weibliche Kraft und Stärke trösten und schenken Geborgenheit und Frieden in schweren Zeiten.

Die Kumaras sind Lichtwesen, die uns Menschen und der Erde bei der Evolution des Bewusstseins helfen. Sie sind überall auf der Erde verstreut. Vielleicht bist auch du eines von ihnen?

An bestimmten Stellen der Meditation ist vom »Ankh« die Rede, dem altägyptischen Symbol für Unsterblichkeit und Lebenskraft, und von der
»Venusblume«. Letztere ist ein fünfblättriges Symbol, das Werner Neuner (9) entwickelt hat und das nach der Harmonielehre des Goldenen
Schnitts aufgebaut ist und für die Venusqualitäten Liebe, Schönheit, Balance und innere Freiheit steht.

Die Große Venus-Meditation ist eine kraftvolle Einweihung. Lass dich
nur durch die Tempel führen, wenn du wirklich aus ganzem Herzen dazu
bereit bist.

Vorbereitung

Es ist sinnvoll, vor der Meditation einen heiligen Raum zu erschaffen. Reinige ihn mit der violetten Flamme, schmücke ihn feierlich mit Blumen, Kerzen und einem schönen Rosenduft. Wähle entsprechende Musik aus.

Ich schlage dir vor, mindestens die Lichtwesen einzuladen, die auch in der Meditation vorkommen. Dies sind:

- ▲ *Sanat Kumara und Lady Venus*
- ▲ *die Energie von Aphrodite*
- ▲ *Lady Gaia*
- ▲ *die Kumaras*
- ▲ *deine Engel und geistigen Führer*
- ▲ *das göttlich weibliche und das göttlich männliche Prinzip*

... und alle anderen Lichtwesen der Liebe, die sich gerufen fühlen und dich unterstützen möchten.

Ich wünsche dir nun eine wunderschöne Reise!

Ablauf der Übung

Schalte die Musik ein, nimm einen tiefen Atemzug und lass ihn ganz bewusst in deine Nase strömen. Und während du deinen Atem beobachtest, gib deinen Körper ab in die liebevollen Hände von Mutter Erde, die dich sicher und geborgen trägt ...

Spüre dein Gewicht, die Schwere und die Festigkeit deines Körpers. Mit jedem Ausatmen bejahst du die Hingabe, gibst jeden Widerstand auf, und deine Muskeln werden weich und dürfen sich wohlig entspannen. Und wo du noch Spannungen, Verhärtungen und Verkrampfungen spürst, lenkst du deinen Atem hinein und gibst deinem

Körper die Erlaubnis, dort loszulassen. Dein Atem fließt so gleich-
mäßig, dass auch dein Herz friedlich aber kraftvoll schlägt und alle
anderen Organe und Systeme deines Körpers im rechten Maß und
in tiefer innerer Ruhe arbeiten ...
Spürst du den inneren Frieden? Wie er sich ausbreitet – wie eine
große, sanfte Welle ... Atme diesen Frieden ein und atme ihn aus in
deinen Körperraum, in jede Zelle ...

Pause

Bevor du nun zur spirituellen Venus reist, sei dir bewusst, dass du und dein Körper die Erde zu keiner Zeit wirklich verlassen. Verwurzle dich fest über deine Fußsohlen in der Erde. Du wirst bald auch das starke goldene Band erkennen, dass dich mit der Erde verbindet.

Bitte deine Engel, während dieser Reise über dich zu wachen und dich zu begleiten.

Sei dir auch des Zwecks deiner Reise bewusst: Deine Mission ist es unter anderem, die besondere Schwingung der Venus auf der Erde zu verankern.

Bekräftige nun die Absicht, die Venusenergie auf die Erde zu bringen, damit göttliche Liebe, weibliche Weisheit, Schönheit, Harmonie und Frieden mit allem was ist die Erde und ihre Bewohner im Aufstiegsprozess unterstützen können.

Atme lang und tief ...

Stell dir ein goldenes Lichtband vor, das durch deinen Körper geht und dich tief unten mit Mutter Erde verbindet und aus deinem Kronenchakra heraus weit oben mit der göttlichen Quelle allen Seins.

Stell dir vor, dass du ganz langsam nach oben schwebt, die Schwerkraft der Erde überwindest, hinein in den blauschwarzen Kosmos, und wie du dich immer weiter von der Erde entfernst, sie nur noch als einen kleine Lichtpunkt wahrnimmst ... Du schwebst vorbei an Planeten und Galaxien, herrlichen Spiralnebeln aus irisierendem Regenbogen-Licht ...

Pause

Eine Spirale erregt deine besondere Aufmerksamkeit. Sie setzt sich zusammen aus goldenen, sprühenden Funken, die aus Millionen und Abermillionen winziger Sternchen bestehen. Die Spirale dreht sich nach innen und übt einen gewaltigen Sog auf dich aus, wie die Antwort auf eine tiefe innere Sehnsucht in deinem Herzen. Du kannst gar nicht anders – du schwebst auf sie zu und lässt dich von ihr hineinziehen in eine andere Dimension. Jetzt. Voll Vertrauen, voller Hingabe ...

Die Spirale umgibt dich schützend wie ein strahlendes Lichtgefährt – die Engel sind an deiner Seite, und du kannst erkennen, dass du dich nun in einem Lichtkanal befindest, der von der Erde bis hinauf zur Venus führt. Du fliegst nun in der Spirale durch den Lichttunnel hindurch, durchdringst die trennende Wolkenschicht und kannst die Venus endlich in ihrer prachtvollen Schönheit sehen. In der Farbe von gelbem Jaspis erstrahlt die Schwester der Erde als ein Wesen, das Sanftmut und Feuer zugleich in sich vereint.

Pause

Um den Planeten liegt eine Aura aus opalisierendem Licht, das rosagolden, pfirsichfarben und zartviolett schimmert. Die Farben leuchten viel intensiver, als du es von der Erde her kennst.

Das pulsierende Farbenmeer durchdringt dich sanft. Atme die Farben tief ein. Sie verjüngen deine Zellen, harmonisieren dein Hormonsystem, helfen mit, deinen emotionalen Körper auszubalancieren. Verweile einen Moment in diesem heilsamen Bad der Farben ...

Pause

Und dann betrachte die Venus von oben. Du siehst Gebirge und Senken, Seen, Meere und Flüsse.

Ganz sachte landest du nun auf einem Hochplateau, das den Namen »Aphrodite Terra« trägt. Deine Reisespirale löst sich langsam auf. –

Du kannst sie für deinen Weg zurück auf die Erde wieder herbeirufen. Auf »Aphrodite Terra« hat du einen wundervollen Blick über die sanft geschwungenen Hügel und fruchtbaren Täler des Planeten. Bäume, Sträucher und Blumen, die du noch nie zuvor gesehen hast, wachsen hier in üppiger Fülle. Exotische Vögel und riesige Schmetterlinge schwirren durch die warme Luft. Du kannst die Sonne ganz nah erkennen, viel näher als an der Erde. Auch die Luft duftet hier ganz anders, süßer vielleicht, blumiger?

Feen und Elfen schweben über sprudelnden Quellen, und wunderschöne menschenähnliche Wesen erfreuen sich an der Natur.

Und wenn du deinen Blick über die Hochebene schweifen lässt, kannst du die weißen Kuppeln der Sieben Tempel von Sanat Kumara nicht weit von dir durch die Bäume schimmern sehen.

Deine Engel begleiten dich dorthin, wenn du das möchtest. Du kannst dich aber nun auch von ihnen verabschieden – sie werden dich auf jeden Fall auf deiner Reise zurück auf die Erde begleiten.

Frequenzanpassung durch die Hathoren. Wir empfehlen zur Aktivierung der Zirbeldrüse Musik von der CD »Ba Ra Shem Ka« oder andere Hathorenklänge.

Während du nun langsam auf die Tempelanlage zugehst, kommt dir eine Gruppe großer Hathoren entgegen, die eine liebevolle, leichte und herzliche Ausstrahlung haben. Sie begrüßen dich auf ihre Weise, nehmen dich in ihre Mitte wie einen Bruder, eine Schwester und führen dich in einen wunderschönen üppigen Garten.

Die Hathoren bitten dich, dich nun auf eine Wiese zu legen und Kontakt mit der Kraft der Venus aufzunehmen.

Du legst dich hin, spürst den Boden unter dir, breitest deine Arme aus und atmest die Energie der Venus tief in dich ein …

Die Hathoren passen nun deine irdische Frequenz an die Frequenz der Venus an, damit du perfekt vorbereitet bist auf die Einweihungen in den Sieben Tempeln. Sie legen ihre Lichthände sanft auf deinen Kopf, deine Chakras, deine Hände und Füße und beginnen, mit ihren Klängen deinen emotionalen Körper zu reinigen und zu heilen ...

Sie aktivieren deine Zirbeldrüse, bis dein Kopf golden zu leuchten beginnt.

Öffne dein Herz ganz weit und nimm tief in deinem Herzen die Blume des Lebens wahr, wie sie strahlt und funkelt. Atme tief ein und atme das kristalline Licht, das sich in deinem Herzen ausdehnt, durch deinen pranischen Körper aus, bis dieser sich ganz lebendig und gesättigt anfühlt ...

Die Hathoren beginnen nun, Freude und Leichtigkeit in dein Herz strömen zu lassen. Atme diese Energie ein, bis du dich ganz leicht und beschwingt fühlst.

Wenn es sich für dich gut und richtig anfühlt, dann stehe langsam wieder auf. Bedanke dich bei den Hathoren für die Frequenzanpassung und begib dich dann in ihrer Begleitung zum ersten Tempel.

1. Tempel der Reinheit und Gnade

Es ist dies der Tempel der Reinheit und Gnade. Seine gewaltige weiße Kuppel leuchtet in der Sonne. An seinen Pforten empfangen dich Kumaras, lichtvolle Wesen, Hüter der Tempel auf der Venus. Sie helfen den Menschen auch auf der Erde bei ihrem Aufstiegsprozess.

Die Kumaras geleiten dich nun in den Tempel hinein. Schau dich einfach um. Viele Kumaras, Hathoren und andere lichtvolle Wesen bilden einen Kreis, durch den die Kraft der Liebe und Weisheit fließt.

Das Sonnenlicht fällt hinein und beleuchtet die Mitte des Tempels.

Dort sitzt auf einem Kristallthron der Aufgestiegene Meister Sanat
Kumara, an seiner Seite die wunderschöne Lady Venus. Eine strahlend opalfarbene Aura umgibt Sanat Kumara, und er lächelt dir liebevoll entgegen. Die Aufgestiegene Meisterin Lady Venus, die Göttin
der Liebe und Schönheit, strahlt in einem goldenen Rosa – ihr Strahl
vermag alle alten Verletzungen in deinem Herzen zu heilen.

Gibt es irgendetwas, das dir deine Seele noch zeigen möchte? Etwas,
das bereit ist, nun endgültig vergeben und geheilt zu werden? Etwas,
das du auf keinen Fall mehr mit zurück auf die Erde nehmen möchtest? Dann formuliere diese Absicht in Gegenwart der beiden Meister.

Pause

Lady Venus stellt sich nun vor dich und Sanat Kumara hinter dich.
Lady Venus legt ihre Lichthand auf dein vorderes Herzchakra, Sanat
Kumara die seine auf dein hinteres Herzchakra.

Lasse dich einhüllen in das irisierende Strahlenmeer der beiden Meister. Opal durchdringt Rosa-Gold und verschmilzt mit deiner eigenen Aura.

Die Kumaras halten dich liebevoll an den Schultern, stärken dein Solarplexuschakra und entfernen alle dunklen und trüben Kristalle, die du in deinem Emotionalkörper über Äonen von Jahren eingelagert hast. Gleichzeitig lassen sie rosarotes Licht in dich einströmen und tönen 7 Mal das Kah-lah, das Mantra für die Heilung des Emotionalkörpers. Töne es bitte laut mit.
Atme und genieße, gib all deine Ängste, Zweifel, Begrenzungen, Widerstände vertrauensvoll ab. Du erhältst Heilung und Trost, Reinheit und Gnade.

2. Tempel der Wahrheit und Klarheit
Wenn du bereit bist, dann bedanke dich und verlasse in Begleitung der beiden Meister diesen Tempel.

Durch einen üppig grünen Garten gelangst du nun in den zweiten Tempel. Es ist der Tempel der Wahrheit und Klarheit. In diesem Tempel dominiert das kühle, bläulich-weiße kristalline Licht der Erkenntnis. Auch in diesem Tempel sind Kumaras anwesend, Hathoren und andere hohe Lichtwesen, die die Energie des Tempels halten. Setze dich nun auf den Thron, der für dich vorgesehen ist. Auch Sanat Kumara und Lady Venus nehmen ihre Plätze ein.

Wenn du deine Meisterschaft auf der Erde von ganzem Herzen annehmen möchtest, ist es wichtig, dass du sämtliche Rollen fallen lässt und Illusionen als solche erkennst.

Auch hier werden Fragen an dich gestellt, die du für dich beantworten kannst.

Welche Lebenslügen gibt es noch in deinem irdischen Sein?

Wann und wo wirst du dir immer wieder untreu, hältst Fassaden aufrecht, mit denen du dich selbst und andere täuschst?

Bitte nun darum, dass die geistige Welt dir diese Situationen als Gelegenheit des Loslassens und der Veränderung zeigt. Bekräftige die Absicht, noch mehr innere Klarheit und Wahrheit zu fühlen und zu leben.

Pause

Wenn du bereit bist, den Strahl der Wahrheit und Erkenntnis zu empfangen, dann tritt ein in den Strahl des kühlen kristallinen Lichts. Er geht von einem riesigen Kristall aus, den es auf der Erde nicht gibt. Dieses kristalline Licht reinigt die Zellen deines Körpers auf subatomarer Ebene von allen Illusionen, so dass diese wie ein dunkler Mantel von dir abfallen.

Gleichzeitig legt dir Sanat Kumara das lichte silberne Gewand der Klarheit an.

Atme, lang und tief …

Beantworte dir nun bitte selbst zwei wichtige Frage:

Wo ist dein Platz auf der Neuen Erde? Welchen Samen willst du säen?

Wenn du es noch nicht weißt, dann bitte die Meister um ihren Rat.

3. Tempel der Göttlichen Gesetze, Gerechtigkeit und Integrität

Du bist nun bereit, den dritten Tempel zu besuchen. Es ist dies der Tempel der Göttlichen Gesetze, der Gerechtigkeit und Integrität. Wieder wirst du von Sanat Kumara und Lady Venus begleitet.

In diesem Tempel findest du die Göttlichen Gesetze in eine wunderschöne Steintafel gemeißelt. Du liest

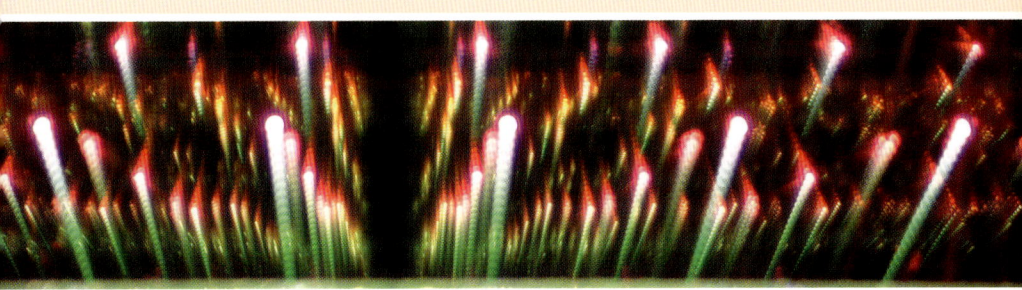

▲ *das Gesetz der Liebe: Liebe ist die stärkste Kraft im Universum.*

▲ *das Gesetz der Harmonie: Alles ist immer nach Ausgleich bestrebt.*

▲ *das Gesetz des Rhythmus: Leben verläuft in Zyklen. Wir leben und sterben, wir fallen und stehen wieder auf.*

▴ *das Gesetz der Schwingung: Alles ist in Bewegung. Alles befindet sich in ständiger Veränderung. Nichts bleibt, wie es ist.*

▴ *das Gesetz von Ursache und Wirkung: Wir sind für all unsere Gedanken, Gefühle, Worte und Taten selbst verantwortlich. Die Wirkung daraus entspricht immer der Ursache.*

▴ *das Gesetz der Resonanz: Gleiches zieht Gleiches an. Wir ziehen das an, womit wir in Resonanz gehen.*

▴ *das Gesetz der Polarität: Das Männliche ist im Weiblichen und das Weibliche im Männlichen enthalten. Ohne Licht gibt es keinen Schatten, und all dies ist gleichwertig und deshalb nicht zu bewerten.*

▴ *das Gesetz der Freiheit: Freiheit ist unser Geburtsrecht. Wir haben immer eine Wahl und viele Möglichkeiten, diese Wahl zu unserem höchsten Wohl zu treffen.*

Präge dir die göttlichen Gesetze ganz genau ein und bekräftige die Absicht, sie in deinem Sein auf der Erde zu beherzigen.

Atme lang und tief.

4. Tempel der Liebe

Sanat Kumara und seine Gefährtin führen dich nun in den Tempel der Liebe.

Dieser Tempel ist in ein zartes rosagold- und pfirsichfarbenes Licht getaucht, das eine sinnlich-romantische Stimmung zaubert.

Der Boden des Tempels ist mit seidenen Decken und Kissen ausgelegt, und überall verstreute Rosenblüten strömen einen betörenden Duft aus.

Auf einer der Decken sitzt eine wunderschöne Frau. Es ist Aphrodite, die Göttin der Schönheit und der Liebe. Sie verkörpert einen Aspekt der venusischen Energie.

Aphrodite bittet dich, dich zu ihr zu legen und zärtliche Berührung geschehen zu lassen. Ganz sanft legt sie ihre Hände auf deinen Körper. Durch diese Berührung fließen Liebe, Wertschätzung und Achtsamkeit in deinen Körper. Aphrodite möchte dir auf diese Weise zeigen, was für ein wundervolles Geschenk dein Körper ist und wie wichtig es ist, liebevoll mit ihm umzugehen.

Sie energetisiert nun mit einem Kristall, auf dem die Blume des Lebens eingraviert ist, deine Chakras. Auf diese Weise verjüngt dein Körper sich, denn deine feinstofflichen Systeme richten sich nach der perfekten göttlichen Matrix aus.

Gleichzeitig lässt Aphrodite grüngoldenes Licht in dich einströmen und tönt dazu 7 Mal das Mantra Alaya, das im spirituellen Einklang mit den Schwingungen des Körpers steht. Töne bitte laut mit.

Pause

Du bekommst nun die Möglichkeit, einen Ruf nach deiner Dualseele, deiner Zwillingsflamme auszusenden. Sanat Kumara und Lady Venus werden dir helfen, die Verbindung zu diesem Aspekt deiner Seele wieder herzustellen.

Wähle nun aus ganzem Herzen, dass sich deine Dualseele zeigen möge und Kontakt mit dir aufnimmt. Öffne dein Kronenchakra weit und auch dein Seelensternchakra, das sich etwa 20 cm über deinem Kopf befindet.

Rufe so lange, bis du ein starkes Gefühl hast, dass deine Dualseele antwortet. Möglicherweise siehst du ein Licht, bekommst ein Bild, fühlst eine Energie, hörst einen Klang, spürst eine Berührung. Vielleicht empfindest du auch diese tiefe Liebe in deinem Herzen. Stell dir vor, dass euer Licht sich vereint, dass ihr miteinander verschmelzt.

Pause

Wähle, dass du deine Dualseele erkennst, wenn sie sich als menschliches Wesen oder Lichtwesen in deinem Leben zeigt. Dein Leben wird reicher und erfüllter sein.

Sende nun auch einen Ruf nach einem Seelengefährten, einer Seelengefährtin aus, wenn du zurzeit allein bist und gern einen Liebespartner haben möchtest.

Sei klar in dem, was du wirklich möchtest. Welche Art von Beziehung möchtest du eingehen?

Rufe nun so lange, bis sich wieder das starke Gefühl einstellt, dass jemand antwortet.

Pause

Möglicherweise taucht vor deinem inneren Auge wieder jemand auf, oder du fühlst einfach Liebe und Wärme in deinem Herzen.
Bekräftige nun laut:

»Ich bin aus ganzem Herzen bereit, die Schwingung der Liebe mit dir zu teilen, deine Licht- und Schattenseiten gleichermaßen anzunehmen und das Göttliche in dir zu erkennen.«

Wenn du bereits einen Partner hast, dann lass diesen vor deinem inneren Auge auftauchen, öffne dein Herz, schau ihn an und sage ihm (ebenfalls laut):

»Ich bin aus ganzem Herzen bereit, die Schwingung der Liebe mit dir zu teilen, deine Licht- und Schattenseiten gleichermaßen anzunehmen und das Göttliche in dir zu erkennen.«

Nimm nun die Verschmelzung der beiden Energien wahr, wie sie zu einem Herz werden, das wie eine riesige Flamme lodert.

Präge dieses Bild tief in dein Herz ein und vertraue darauf, dass du auch in deinem irdischen Sein zur rechten Zeit, am rechten Ort deiner Dualseele und deinem Seelengefährten / deiner Seelengefährtin begegnen wirst. Vertraue darauf, dass sich deine bestehenden Beziehungen zu eurem allerhöchsten Wohl verändern werden.

Atme lang und tief.

5. Tempel des Mitgefühls

Fühle die Liebe, die Wärme in deinem Herzen, deine Bereitschaft und Hingabe und begib dich mit diesen hohen Schwingungen in den Tempel des Mitgefühls, der in ein rosa-gold-fliederfarbenes Licht getaucht ist.

Es ist der Tempel der Tränen und der Hoffnung, der Gnade und der Zuversicht.

Alle Kumaras, Hathoren und Lichtwesen halten ihre strahlenden Lichthände auf dich gerichtet, während du in der Mitte des Tempels auf deinem Thron Platz nimmst.

Lady Venus steht vor dir und schaut dir liebevoll in die Augen.

Ihre Liebe und weibliche Weisheit berühren dich tief in der Seele.

Sie hält die Venusblume in ihren Händen und bittet dich, dein Herz weit zu öffnen.

Nun legt sie die Venusblume in dein Herz hinein, das sofort zu leuchten beginnt.

All deine Kanäle für Mitgefühl, das Heilung bringt und nährt für dich selbst und für die anderen, sind nun geöffnet.

Die offenen Schleusen lassen möglicherweise Tränen fließen, und doch verweilst du in deiner gelassenen, friedvollen Ausrichtung in dem Wissen, dass alles, was geschieht, dem göttlichen Plan entspricht.

Pause

So kehrt tiefer Frieden ein in dein Herz. Die Venusblume, welche Heilung und die vollkommene Harmonie allen Seins symbolisiert, wird in deinem Herzen voll erblühen.

Sicherlich wirst du nun mit einem anderen Verständnis Menschen begegnen und herausfordernde Situationen meistern.

6. Tempel der Ermächtigung

Du bist nun bereit, den sechsten Tempel aufzusuchen.

Wieder gehst du ein paar Schritte, nimmst ein paar Stufen und betrittst schließlich den Tempel der Ermächtigung. Ein klares blaues Licht durchströmt ihn.

Sanat Kumara und Lady Venus, die Hathoren und die Kumaras erwarten dich bereits.

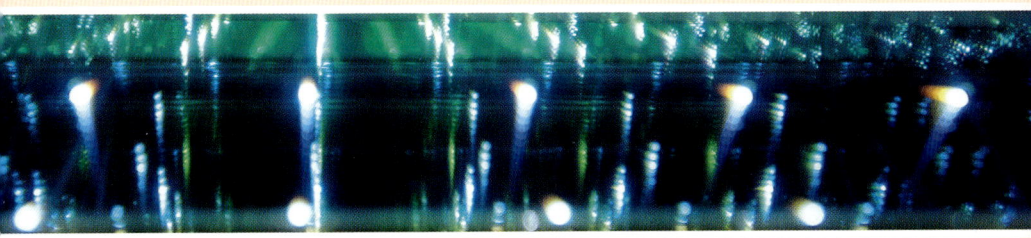

Sanat Kumara spricht:

»Nun ist die Zeit gekommen, dass du deinen Lichtdienst für die Neue Erde aus ganzem Herzen bejahst und deutlich machst.

Welche Aufgabe erwartet dich? Wohin zieht es dich? Was ruft dich?
Eine Aufgabe zu übernehmen bedeutet auch, alle Erwartungen los-
zulassen, die aus den Betrachtungsweisen und Motiven der alten
Energie stammen.

Bist du bereit, ein Hüter/eine Hüterin der Neuen Erde zu sein? Sie
in ihrem Wandlungsprozess zu einem Planeten der Freude, der Fülle,
des friedvollen Bewusstseins zu unterstützen?

Bist du bereit, ein selbstverantwortliches, selbstbestimmtes Leben
zu führen, zum höchsten Wohl der Schöpfung?

Bist du bereit, bei allem, was du denkst, fühlst, sagst und tust, in der
Liebe zu bleiben?«

Pause

Sanat Kumara überreicht dir nun ein goldenes Ankh als Symbol der
Lebenskraft und Stärke. Lady Venus legt dir das Venussymbol auf
dein Herz – verankere seine Liebe in deinem Herzen.

7. Tempel der Weisheit

Nun ist es Zeit, den siebten und letzten Tempel aufzusuchen.

Es ist der größte und schönste – der Tempel der Weisheit.

Strahlend goldenes Licht durchflutet die Tempelhalle, und in ihrer
Mitte lodern drei mächtige Flammen:

▲ *die rosarote Flamme der Liebe*

▲ *die gelbe Flamme der Weisheit*

▲ *die blaue Flamme der Kraft*

Sanat Kumara und Lady Venus bitten dich nun, dich in die rosarote
Flamme zu begeben. Du brauchst keine Angst zu haben, denn alle
Flammen sind angenehm seidig kühl in ihrer Temperatur.

Nimm einen tiefen Atemzug und tritt ein in die rosarote Flamme, die dich sofort umfängt und vollständig durchdringt. Die Essenz der Liebe zu allem was ist strömt in all deine Körper, deine Zellen, dein Bewusstsein.

Diese Liebe schenkt dir die größtmöglichste Freiheit, deinem Herzen zu folgen. Diese klare rosafarbene Sternenenergie verbindet dich wieder mit der Quelle und mit all ihren Schöpfungen. Die Blume des Lebens des Universums vereint dich mit der Sternensaat, die du bist – und alle Kreise schließen sich.

Pause

Begib dich nun bitte in die gelbe Flamme der Weisheit.
Auch sie durchdringt dich in deiner Ganzheit.
Dein Geist dehnt sich aus, und du erkennst das große Ganze. Du wächst über dich hinaus und siehst überall im Universum die Signatur des Schöpfers. Es gibt nichts, wo er nicht seine liebevolle Handschrift hinterlassen hat – in jedem Stein, jedem Sternenfunken.

Pause

Tritt nun ein in die blaue Flamme der Kraft.
Diese mächtige Flamme umfängt dich und stärkt dich augenblicklich. Sie verleiht dir Ausdauer und Beständigkeit. Sie schenkt dir Mut und Vertrauen, Zuversicht und die Gelassenheit, die du brauchst, um den Wandlungsprozess deines Heimatplaneten Erde zu unterstützen.
Nimm dir Zeit, dich aufzuladen, dich zu nähren und zu energetisieren.

Pause

Du bist nun gut darauf vorbereitet, die Geburt des neuen Morgens zu feiern.
Du bringst wundervolle Geschenke der Meisterschaft zurück auf die Erde.
Es ist nun an der Zeit, dich von Sanat Kumara, Lady Venus, Aphrodite, den Hathoren und den Kumaras zu verabschieden. Bedanke dich auf deine Weise.

Doch bevor du wieder in dein Reisegefährt, deine goldene Spirale, steigst, erhältst du noch ein Geschenk von Sanat Kumara und Lady Venus, mit der Bitte, es bei deiner Ankunft Mutter Erde zu übergeben.

Der himmlische Segen des Schöpfers fließt über dich herab und macht dein Herz ganz leicht und zuversichtlich.

Pause

Die goldene Spirale umschließt dich, und langsam entfernst du dich von der Venus. Blicke noch einmal zurück, und du kannst sehen, wie alle dir freudenstrahlend zuwinken.

Der Lichtkorridor, der die Venus mit der Erde verbindet, öffnet sich, und wieder fliegst du vorbei an funkelnden Sternen und Galaxien, bis du schließlich ganz am Ende des Lichtkanals die Erde auftauchen siehst – dieses strahlende Juwel im Kosmos. Es macht dich so glücklich, dort zu leben, und jetzt weißt du auch, dass du eine ganz wichtige Botschaft mit nach Hause bringst, die da lautet: »Alles ist Liebe!« Und so landest du wieder sanft auf deinem Kontinent, in deinem Land, deiner Stadt.

Suche dir dort die richtige Stelle, um dein Geschenk von der Venus Mutter Erde zu übergeben.

Bitte dein Hohes Selbst, deine Schwingungsfrequenz der Erde anzupassen ...

Dann bewege langsam deinen Körper, spüre dich in deinem Körper, spüre deine Knochen, komme an im Hier und Jetzt!

Zum Schluss

Es geschah während eines Yoga-Kurses. Ich leitete gerade eine Übung an, als ich plötzlich das Gefühl hatte, in einen dimensional anderen Raum einzutreten, der sich vor mir auftat. Es war fast physisch zu spüren, so als ginge ich wirklich von hier nach dort, und doch war der Übergang fließend. Mich überkam eine tiefe Traurigkeit, und ich musste mich sehr beherrschen, nicht vor der Gruppe in Tränen auszubrechen, denn ich wusste, ich würde nie mehr so unbewusst sorglos leben können wie bisher. Es war wie ein Abschied vom Alten. Doch die »andere Welt«, auf die ich mich zubewegte, fühlte sich wundervoll an, ich spürte Vertrauen, Annahme, Liebe. Ich schwebte förmlich nach Hause.

In der Nacht erhielt ich das Bild einer riesigen, am Horizont aufsteigenden Neuen Erde, die durch eine weißgolden leuchtende Brücke mit der alten Erde verbunden war. Eine liebevolle Präsenz lud mich ein, über die Brücke zu gehen, die wie ein lichtdurchfluteter Teppichläufer wirkte, und auf diesen neuen, wunderschönen Planeten zu kommen.

Und ich war nicht die Einzige, die dazu eingeladen wurde. Für diejenigen, die der Einladung folgten, fuhr die Neue Erde überall Brücken aus, die uns den Übergang erleichtern sollten. Ich ging auch über eine dieser Brücken, doch dann wachte ich auf.

Am anderen Tag schien die frühherbstliche Sonne, und ich nahm die Welt anders wahr: farbenprächtiger, klarer, akzentuierter, insgesamt größer, und meine Liebe zur Erde und zur Natur ist seitdem noch stärker geworden.

Es kommt mir so vor, als wäre mir ein Blick auf die Neue Erde geschenkt worden, ein kurzzeitiges Eintauchen in diese wundervolle Energie. Danke!

Eine Botschaft der Hathoren
für die Menschen der Neuen Erde

Es ist sicherlich schwer für euch, werdenden Eltern zu beschreiben, wie es ist, Kinder aufwachsen zu sehen, sie zu erleben mit allen Gefühlen der Liebe und der Sorge.

So ist es auch schwer für uns, euch die Neue Erde zu beschreiben, außer dass es eine reine Freude für euch sein wird, sie zu bewohnen.

Diese Freude ist ungetrübt, auch wenn Arbeit, Neuordnen und Organisieren auf euch zukommen, was eure Aufmerksamkeit und Kraft in Anspruch nehmen wird. Doch es wird euch nicht auslaugen, »ausbrennen« oder anstrengend sein, so wie ihr es auf der alten Erde noch gewohnt seid. Im Gegenteil, ihr seid an eine Quelle unerschöpflicher Energie, Liebe und Freude angeschlossen, die euch alle Kraft geben wird, die ihr benötigt, um das Neue anzugehen.

Ihr seid dann zuhause angekommen, auch wenn der Aufenthalt auf diesem Planeten für eure unsterbliche Seele nur eine Durchgangsstation ist. Doch ihr seid auch zurückgekehrt in euer göttliches Bewusstsein, das euch ein Leben in Liebe schenkt, ganz egal, wo ihr euch gerade aufhaltet.

Ihr habt den größten Schritt über die Schwelle gewagt, habt den Weg der dunklen Seelennacht oft genug durchschritten. Euer geöffnetes Herz erlaubt uns und anderen mächtigen Lichtwesen der geistigen Welt, euch zu erreichen. Eure Körper haben sich verjüngt und erfrischt, sind leichter, weil lichter geworden, so dass ihr sie nicht länger als Belastung erleben müsst.

Ihr habt euch gegenseitig als Brüder und Schwestern erkannt, als Gäste auf demselben Planeten. Diese Gemeinsamkeit schafft Gemeinschaft und Verbundenheit, die ungeahntes Potenzial in euch freisetzt.

So können eure Visionen endlich Wirklichkeit werden. Sie sind Mit-Schöpfungen von Vater-Mutter-Gott, und so lebt ihr entsprechend dem göttlichen Plan und dient euch und der Erde gleichermaßen.

Lasst alle vom Verstand kreierten Bilder, Vorstellungen und Erwartungen los, denn sie sind nur ein Geringes dessen, was tatsächlich möglich ist.

Lasst ebenso eure Ängste, dunkle Vorahnungen, eure Ohnmacht und Orientierungslosigkeit los, denn sie beschränken euch, halten euch zurück im Fahrwasser des alten, brackigen Flusses.

Haltet stattdessen die Vision einer Erde aufrecht mit glücklichen Wesen, die in Eintracht, Frieden, Weisheit, Gesundheit und Fülle leben.

Es wird keine »Sicherheit« mehr geben, wie ihr sie bisher gewohnt wart und die ihr scheinbar mit Geld kaufen konntet. Ihr könnt jedoch sicher sein, wieder in eurer Ursprungsenergie zu sein, geliebt und beschützt zu werden.

Das gesamte Universum schaut auf euch und unterstützt euch. Beginnt eure Herzen zu beziehen wie eine Wohnung, die schon lange für euch bereit steht. Dort findet ihr eure größte Sicherheit: die LIEBE.

Es gibt Menschen unter euch, denen treibt es Tränen in die Augen, wenn sie sehen, wie schön die Erde ist!

Könnt ihr euch vorstellen, wie es erst sein wird, wenn ihr euch außerdem noch alle im göttlichen Bewusstsein miteinander verbunden habt und dann eure Liebe der Erde schenkt?

Stellt euch in den Strom des ewig fließenden Lichts und empfangt die Segnungen einer Neuen Zeit. Schwimmt mit im Fluss des Bewusstseins eurer wunderschönen Seelen und taucht ein in das Wissen und die Weisheit des Universums, das ewig und unendlich euch nun zur Verfügung steht.

Traurige Zeiten sind Vorboten von blühenden Zeiten der Freude und Zuversicht. Verbindet euch mit uns.

Wir sind bei euch.

Die Hathoren

Danke

Mein größter Dank gilt den Hathoren, diesen wundervollen Wesen, die mir neue Einblicke in die Mysterien unseres Daseins geschenkt und mir die Erinnerung an die Schönheit unserer (Inneren) Erde unauslöschlich in mein Herz gepflanzt haben. Ich liebe ihren Humor, ihre spielerische Leichtigkeit, gepaart mit tiefer Weisheit, Mitgefühl und Liebe für uns Menschen.

Danke, liebe Annette Hüser, meine Freundin, für deine zauberhaften, kreativen und leuchtenden Fotos, in die du deine tiefe Liebe und Wertschätzung für die Natur gelegt hast.

Ich möchte an dieser Stelle auch Petra Schneider von *Lichtwesen* für die auf manchen Fotos abgebildeten Kristalle danken und natürlich Ihnen, liebe Frau Bielejec, für die feinfühlige und fantasievolle Gestaltung. Außerdem danke ich Jeanne Ruland für ihr selbstloses Engagement, Netze von Herz zu Herz zu knüpfen.

Ein herzliches Dankeschön geht obendrein an meinen Verleger, Michael Nagula: Wie schön, dass du mich so offen und meine Ideen so begeistert aufgenommen hast. Ich freue mich, dass du den Hathoren eine derartige Fülle an Raum und Möglichkeiten gibst, ihren Platz in den Herzen der Menschen zu finden.

Liebe Gabriele Pedersen, lieber Orlando Silva, ich danke euch für eure Räumlichkeiten im *Lichtkristall* in Bad König, wo viele der Fotos entstanden sind. Danke auch an alle »Models«: Andrea, Gudrun, Orlando, Reinhard, Joshua und Elias.

Danke, liebe Hathoren-Freunde und Weggefährten aus meinen Kursen und Gruppen, für euer Vertrauen, eure Bereitschaft und Hingabe, an der Hathorenenergie zu wachsen, und für die wundervollen »Reiseberichte«, die ihr mir für dieses Buch zur Verfügung gestellt habt.

Mögen die Klänge und die Liebe der Hathoren in den Herzen aller Wesen auf fruchtbaren Boden fallen, um die zarten Pflänzchen der Neuen Erde zu stärken.

Mögen die Heilkräfte der Inneren Erde nach oben fließen und die Menschen so ihr Urvertrauen wiedergewinnen – aus dem Schoß unserer gütigen, liebevollen und nährenden Mutter Erde!

Literaturverweise

(1) Kenyon, Tom: *Die Weisheit der Hathoren. Botschaften einer aufge-stiegenen Zivilisation.* Koha Verlag, Burgrain 2013

(2) Tolle, Eckart: *Jetzt! Die Kraft der Gegenwart. Ein Leitfaden zum spirituellen Erwachen,* Kamphausen Verlag, Bielefeld 2000

(3) Melchizedek, Drunvalo: *Schlange des Lichts. Jenseits von 2012. Das Erwecken der Erd-Kundalini und das Erwachen des weiblichen Lichts,* Koha Verlag, Burgrain 2008

(4) Melchizedek, Drunvalo: *Aus dem Herzen leben. Verständigung ohne Worte, Schöpfung jenseits der Polarität.* Koha Verlag, Burgrain 2004

(5) Tom Kenyon in: Vallée, Martine (Hrsg.): *Die Große Veränderung. Kryon, die Hathoren, Maria Magdalena und der Hohe Rat vom Sirius.* Amra Verlag, Hanau 2009

(6) Kenyon, Tom: *Lichtmedizin. Botschaften der Hathoren für die Neue Zeit.* Amra Verlag, Hanau 2013

(7) Kenyon, Tom & Sion, Judi: *Das Manuskript der Magdalena. Die Alchemie des Horus und die Sexualmagie der Isis.* Koha Verlag, Burgrain 2003

(8) Solara: *An die Sterngeborenen, Erinnerung für die Erwachten.* Ch. Falk Verlag, Seeon 1991

(9) Neuner, Werner: www.wernerneuner.net

Ich war bereits als Kind und besonders später als junges Mädchen faszi-
niert von den Welten jenseits des Schleiers. Bücher über Marienerschei-
nungen, Parapsychologie, Engel und Sternenwesen, Atlantis und Lemurien waren meine liebste Lektüre.

Nach einem äußerst schmerzvollen und einschneidenden Erlebnis mit
19 Jahren erfuhr ich eine »Segnung« – als solche würde ich es heute
bezeichnen – und »hörte« sehr deutlich eine beruhigende Botschaft aus
der geistigen Welt. Damit begann mein spiritueller Weg, den ich, aus der
Sehnsucht meines Herzens heraus, konsequent ging.

Auf meinen Reisen in die USA, nach Fernost, Südeuropa und auf die
Kanaren verliebte ich mich in die Schönheit der Erde und liebte diese nur
noch mehr …

In der »spirituellen Hochburg« Freiburg absolvierte ich mein Studium
der Germanistik und Anglistik und volontierte anschließend in Frank-
furt am Main beim Hessischen Rundfunk.

Auf dem Gebiet des Rundfunk- und Fernsehjournalismus arbeitete ich
15 Jahre lang als Autorin, Radiomoderatorin und Reporterin für die ARD,
mit den Schwerpunkten Bildung, Kultur, alternative Medizin und Spiritualität – eine Zeit der Höhen und Tiefen, die meinen Pioniergeist nicht
befriedigte, denn wie gerne hätte ich doch die Welt verändert!

Nach einem Film und einem Hörfunkfeature über Reiki erhielt ich selbst
meine Einweihung und begann mich immer mehr an meine göttliche
Natur zu erinnern. Ich beendete meine Journalistenlaufbahn mit dem
Gefühl, genau die richtige Entscheidung getroffen zu haben. Ich war nun
»gar gekocht« für einen Weg, der mein ganzes Leben verändern sollte …

Nach der Geburt meiner beiden wundervollen Indigo-Kinder erlebte ich zunächst die totale Erdung, was auch nötig war, denn kurze Zeit später hatte ich das Glück, faszinierenden spirituellen LehrerInnen wie Rhea Powers, Tom Kenyon, Linda Roethlisberger und dem Schamanen Carlo Zumstein zu begegnen, die das in mir triggerten, was in meinem »metaphysischen Ei« noch den Schlaf des Unbewussten schlief.

Ich erlernte verschiedene Yoga-Systeme, die ich bald mit spiritueller Praxis und lichtvoller Energiearbeit verband. Der ebenso weise wie humorvolle Klangheiler Tom Kenyon öffnete mein Herz für die Hathoren, für die ich heute ein Kanal ihrer heilsamen und freudvollen Geschenke sein darf. Doch bin ich auch zutiefst mit dem Schöpfer, den Engeln und Meistern und den lichtvollen Wesen aus den Dimensionen innerhalb der Erde verbunden.

Ich bin Reikianerin, eingeweiht in The Flower Of Life, EMF-Balancing, Ancient-Master-Healing und ausgebildet in Der Neue Lichtkörper nach Cecilia Sifontes. Zum Thema Yoga und Bewusstseinswandel habe ich Bücher geschrieben. In Kursen, Workshops und Einzelarbeit teile ich meine Schätze aus der geistigen Welt mit Menschen, um sie auf dem Weg in die Neue Zeit liebevoll zu unterstützen.

So verstehe ich mich als eine spirituelle Lehrerin und Wegbegleiterin für alle, die sich mir anvertrauen. Ich liebe Vater Himmel und Mutter Erde zutiefst und vor allem die menschlichen »Erdenengel«, in deren Herz sich die himmlischen und irdischen Schöpferkräfte vereinigen.

Bildrechte

Iga Bielejec: Seite 13, 50, 62, 73, 74, 83, 109, 121, 136, 148, 164, 169, 176, 177, 179 (Lichtobjekt von Alfred Wolski), 181, 184, 185 (Lichtobjekt von Alfred Wolski), 194 **www.fotolia.com:** Cover # 16829050 David Bleja, Seite 22 # 44554166 iluzia, 40 # 25524184 Anton Balazh, 40 # 16757910 Onkelchen, 40 und 47 # 35398551 saigonmanu, 43 # 4522908 belleepok, 56 # 13155911 Dmitry Sunagatov, 76 # 31137857 pomah, 86 # 33699534 Monika Buhl, 118 # 23788640 Robert Kneschke, 124 # 7304621 BasPhoto, 138 # 61825031 Visions-AD, 150 # 20343604 Helder Almeida, 161 # 34362556 pressmaster, 171 # 40463563 boscorelli, 187 # 6263516 Amid, 190 # 28863536 MH **Annette Hüser:** Seite 19, 20, 30–36, 48/49, 59, 78, 91, 98, 103, 111, 115, 126, 130/131, 140, 141, 144/145, 153, 159, 198 **www.istockphoto.com:** Seite 193 # 000001313741 **Aliki Konstantas:** Buchrückseite **NOAO/AURA/NSF:** Seite 152 »Hidden Galaxy IC 342 from Kitt Peak« # ap080109 (Copyright WIYN Consortium, Inc. All rights reserved) **Jeanne Ruland:** Seite 2, 40 (erste rechts) **Ilse-Dore Steffens/www.kristallbilder.net:** Seite 52 »Diamantstrahlen«, 89 »Welten«, 95 »Geburt des Bewusstseins«, 110 »Sphärenklänge«, 116 »Augensterne«, 133 »Scala«, 142 »Michael« **Hartmut Warm/ www.kepplerstern.de:** Seite 169 »Die Signatur der Sphären« (Raumgeraden Venus-Erde, alle 3 Tage kontinuierlich aufgetragen, Zeitraum 8 Jahre, heliozentrische Darstellung) **Dawn Wilson Enoch:** Seite 8 »Heilende Hathor«, aus dem Booklet der CD »Homage to Hathor«, ägyptische Gesänge von Ani Williams, Amra Records, Hanau 2012

Deutsche Veröffentlichungen von Tom Kenyon

Bibliografie

Aufbruch ins höhere Bewusstsein. Die Hathoren-Botschaften. Wie wir die Herausforderungen unserer Zeit meistern. Deutsche Originalausgabe, aus den amerikanischen Manuskripten übersetzt von Ingrid Riedel-Karp, mit 16 Seiten Farbteil und CD-Beilage »Dimensional Attunement«, 256 Seiten, Amra Verlag, Hanau 2009; auch als eBook [ohne CD].

Die Große Veränderung [mit Lee Carroll, Patricia Cori, Judi Sion, hrsg. von Martine Vallée]. Originaltitel der frankokanadischen Ausgabe: *La Grande Transformation;* englischer Originaltitel: *The Great Shift;* aus dem Amerikanischen von Thomas Görden und Ingrid Riedel-Karp, 224 Seiten, Amra Verlag, Hanau 2009; auch als eBook.

Die Hathor-Zivilisation. Was wir aus unserer Zukunft lernen können [mit Virginia Essene], Originaltitel der US-Ausgabe: *The Hathor Material;* aus dem Amerikanischen von Silvia Autenrieth, 224 Seiten, Burgrain 2000. Unveränderte Taschenbuch-Ausgabe: *Die Hathor-Zivilisation. Gespräche mit interdimensionalen Wesen* [mit Virginia Essene], 288 Seiten, Koha Verlag, Burgrain 2011. – Eine grundlegend überarbeitete Neuausgabe erschien 2013 unter dem Titel *Die Weisheit der Hathoren,* gemeinsam mit den dazugehörigen CDs »Hathor-Meditationen« und »Hathor-Sounds« als Einzelveröffentlichungen, siehe dort.

Hathoren Zeitenwende Kalender 2012-2013 [Wandkalender mit Fotos von Adrianne Koteen]. Deutsche Originalausgabe, Din-A4 quer, Spiralbindung, Monatsblätter mit Botschaften der Hathoren und astrologischen Daten; aus dem Amerikanischen von Thomas Görden und Ingrid Riedel-Karp, 28 Seiten, Amra Verlag, Hanau 2011 [Restbestände].

Lebe in deinem eigenen Licht. Lehren der Plejadier, der Hathoren und der Magdalena von Arcturus [mit Wendy Kennedy]. Neuzusammenstellung auf der Grundlage der kanadischen Originalausgabe: *The Great Human Potential;* aus dem Amerikanischen übersetzt von Nayoma de Haën, 224 Seiten, Koha Verlag, Burgrain 2014.

Lichtboten vom Arcturus. Mitteilungen einer aufgestiegenen Zivilisation, eingeleitet von den Hathoren [mit Judi Sion]. Originaltitel der US-Ausgabe: *The Arcturian Anthology;* die dazugehörige CD erschien als Einzelveröffentlichung unter dem Titel »Reine Liebe vom Arcturus«, siehe dort; aus dem Amerikanischen von Sarah Heidelberger und Thomas Görden, 224 Seiten, Amra Verlag, Hanau 2014; auch als eBook.

Lichtmedizin. Botschaften der Hathoren für die Neue Zeit. Deutsche Originalausgabe, aus den amerikanischen Manuskripten übersetzt von Thomas Görden,
Sarah Heidelberger und Michael Nagula, mit CD-Beilage »Der Kristallpalast
im Inneren«, 272 Seiten, Amra Verlag, Hanau 2013; auch als eBook [ohne CD].

*Das Manuskript der Magdalena. Die Alchemie des Horus und die Sexualmagie
der Isis* [mit Judi Sion]. Originaltitel der US-Ausgabe: *The Magdalen Manuscript;*
aus dem Amerikanischen von Nayoma de Haën, 256 Seiten, Koha Verlag,
Burgrain 2003.

Mit den Krokodilen ringen. Gesammelte Essays und Reiseberichte. Deutsche
Originalausgabe, aus den amerikanischen Manuskripten übersetzt von
Thomas Görden, Sarah Heidelberger, Ingrid Riedel-Karp und Michael Nagula,
336 Seiten, Amra Verlag, Hanau 2014; auch als eBook.

Neue Zeit [mit Lee Carroll, James Tyberonn, Patricia Cori, Judi Sion, hrsg.
von Martine Vallée]. Originaltitel der frankokanadischen Ausgabe: *Le Grande
Rassemblement;* englischer Originaltitel: *The Great Gathering;* aus dem
Amerikanischen von Sarah Heidelberger und Thomas Görden, 368 Seiten,
Amra Verlag, Hanau 2012; auch als eBook.

Die Weisheit der Hathoren. Botschaften einer aufgestiegenen Zivilisation [mit Judi Sion].
Überarbeitete Neuausgabe des Titels *The Hathor Material;* die dazugehörigen CDs
»Hathor-Meditationen« und »Hathor-Sounds« erschienen als Einzelveröffentlichungen,
siehe dort; aus dem Amerikanischen von Nayoma de Haën, 272 Seiten, Koha Verlag,
Burgrain 2013.

Diskografie

Aethos. Aufhebung der Dualität. Sechs starke Klangmeditationen zum Eintreten in ein Bewusstseinsspektrum, das aller Existenz zugrundeliegt – ein macht-
voller Auslöser für die Selbst-Evolution; 56 Minuten, Amra Verlag, Hanau 2013.

Angel Codes. Anrufung der Erzengel [2 CDs]. Tom Kenyons über fast vier
Oktaven reichende Stimme channelt Kodierungen zur Heilung und Transforma-
tion und öffnet ein klangvolles Tor zum Engelreich; Live-Aufnahme des Oster-
Retreats 2007; 124 Minuten, Koha Verlag, Burgrain 2008.

Ascension Codes. Aus der Zukunft übermittelte Klangcodes, die unsere Schwingung
erhöhen und den bewusstseinsmäßigen Aufstieg erleichtern; 61 Minuten, Koha Verlag,
Burgrain 2010.

Ba Ra Shem Ka. Gesang an die Himmlische Seele, damit sie in einer strahlenden Erleuchtung ihre spirituelle Energie verströmt und so die Feuer des Bewusstseins entfacht, die Lebenskraft stärkt und den menschlichen Lichtkörper transformiert; 66 Minuten, Amra Verlag, Hanau 2011.

Barod. Eine Kombination nicht-elektronischer Melodien und Obertonklänge zur Stärkung der Verbindung zwischen dem ätherischen Zwilling KA und der Himmlischen Seele, unterstützend für den Aufstiegsprozess; 60 Minuten, Koha Verlag, Burgrain 2014.

Chakra Clearing [4 CDs]. Ein Hathoren-Intensivseminar zur Reinigung und Harmonisierung der sieben Ebenen des Bewusstseins, enthält ein 52 Seiten umfassendes Booklet; 210 Minuten, Amra Verlag, Hanau 2012.

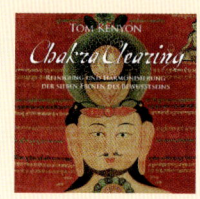

City of Hymns. Interpretationen christlicher Lieder, inspiriert von einer Begegnung mit Jesus; 47 Minuten, Koha Verlag, Burgrain 2001.

Dimensional Attunement [nur als Begleit-CD zum Buch »Aufbruch ins höhere Bewusst-sein« erhältlich]. Eine Klangreise zur dimensionalen Abstimmung der Zirbeldrüse, die den Aufstieg in unserer Zeit erleichtert; 64 Minuten, Amra Verlag, Hanau 2009.

Forbidden Songs. Eigene Lieder aus zwanzig Jahren zu den Themen Verzweiflung, Obsession und Erleuchtung; 65 Minuten, Koha Verlag, Burgrain 2001.

The Golden Orb. Gesänge an Kuan Yin, bei denen durch den Körper geführtes Chi tiefe taoistische Heilerfahrungen bewirken kann; 59 Minuten, Amra Verlag, Hanau 2010.

Hathor-Meditationen [2 CDs; thematisch mit dem Buch »Die Weisheit der Hathoren« verbunden]. Geführte Meditationen zur Selbstmeisterung und Geometrie des Bewusstseins; 130 Minuten, Koha Verlag, Burgrain 2013.

Hathor-Sounds [thematisch mit dem Buch »Die Weisheit der Hathoren« verbunden]. Klänge der Hathoren, aufgenommen bei verschiedenen Workshops und Intensivseminaren; 40 Minuten, Koha Verlag, Burgrain 2013.

Homage to Soul. Harmonien für die Seele. Gitarre, Flöte, Cello und Stimme betören durch Klänge zur Erhöhung von Konzentration und Aufmerksamkeit, die auf Forschungen von Professor Georgi Lozanov beruhen, dem Begründer des ganzheitlichen Lernens, mit 60 Schlägen pro Minute; 66 Minuten, Amra Verlag, Hanau 2013.

Heart Gems 1. Spiritual Songs for Lovers. [Sampler mit acht Titeln von Tom Kenyon, Sayama und Felix Maria Woschek.] Heilige und heilende Musik aus verschiedenen Traditionen; 60 Minuten, Koha Verlag, Burgrain 2004 [vergriffen].

Imaginarium. Inspirierte und inspirierende Gesänge und Klänge, die ins Reich zwischen Bewusstsein und Materie einladen, sowie Lieder, die das Herz berühren; 61 Minuten, Koha Verlag, Burgrain 2004.

Immunity. Schamanische Heilgesänge. Heilungskodierungen von zweiunddreißig geistigen Klangheilern erzeugen ein einzigartiges Gewebe heilender Klangwellen. [Lesen Sie hierzu den Essay »Immunität« über die Entstehung der CD in dem Buch »Mit den Krokodilen ringen«.] 60 Minuten, Koha Verlag, Burgrain 2007.

Infinite Pool. Reise in das holographische Gehirn. Das Klangmuster eines Akul, eines hoch entwickelten Geistwesens der ägyptischen Alchemie, sowie die Stimmen der Hathoren regen die Kommunikation zwischen den Gehirnhälften an. [Lesen Sie hierzu den Essay »Der Übergang ins holographische Universum« in dem Buch »Mit den Krokodilen ringen«.] 60 Minuten, Koha Verlag, Burgrain 2004.

Initiation – Lied der Neuen Erde. Eine Einweihung durch die geistige Welt, live gechannelt bei einem Klangheilungsseminar, sowie ein seelenvolles Lied der Hoffnung, geschrieben auf Wunsch der geistigen Welt; 45 Minuten, Amra Verlag, Hanau 2010.

Das Kalachakra des Großen Mitgefühls. Klangmeditationen mit dem Buddha des Mitgefühls erwecken durch tantrische Vereinigung das innere Licht; 72 Minuten, Amra Verlag, Hanau 2010.

Der Kristallpalast im Inneren und das Öffnen der Hallen von Amenti [nur als Begleit-CD zum Buch »Lichtmedizin« erhältlich]. Vier umfangreiche Klangmeditationen, um den Zugang zu höheren Ebenen des Bewusstseins zu erlangen, und eine dimensionale Abstimmung der Hirnanhangdrüse; 63 Minuten, Amra Verlag, Hanau 2013.

Kundalini Rising. Erweckung der Schlange des Lichts [3 CDs]. Kundalini Shakti ist die ursprüngliche weibliche Energie des Bewusstseins und gilt in der Yoga-Tradition als Göttin, die das Meditieren erleichtert; mit einem umfangreichen Booklet, 180 Minuten, Amra Verlag, Hanau 2013.

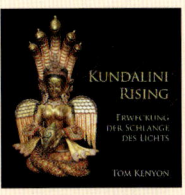

Lightship. Klänge eines arcturianischen Lichtschiffs führen zu Zuständen der inneren Bewusstheit und zur Wahrnehmung anderer Bewusstseinswelten. [Lesen Sie hierzu den Essay »Psychonavigation« über Techniken zum Aufsuchen einer alternativen Zukunft in dem Buch »Mit den Krokodilen ringen«.] 61 Minuten, Amra Verlag, Hanau 2010.

Muerte. Ein spiritueller Transformationsprozess, der durch das schamanische Totenreich führt und alte Programmierungen auflöst; 50 Minuten, Amra Verlag, Hanau 2012.

Mysterium. Heilgesänge der Hathoren, die Körper, Geist und Seele nähren, weil sie als reiner Klang anregend auf die rechte Gehirnhälfte wirken, die Kreativität und Erkenntnis hervorbringt; 63 Minuten, Amra Verlag, Hanau 2011.

Reine Liebe vom Arcturus [thematisch mit dem Buch »Lichtboten vom Arcturus« verbunden]. Klangmeditationen des arcturianischen Meisters Esu, um multiple Dimensionen des Bewusstseins zu erfahren und sich an die Lichtfluktuationen im Inneren der arcturianischen Erneuerungskammer anzupassen; 66 Minuten, Amra Verlag, Hanau 2014.

Sacred Chants. Heilige Gesänge aus dem Welterbe der Spiritualität mit beruhigender und entspannender Wirkung zum Stressabbau. 59 Minuten, Koha Verlag, Burgrain 2002.

Solace. Mit seiner Stimme, Obertönen und dezenten Klaviertönen bringt Tom Kenyon Entspannung für die Seele. Ideal für Massagen, Heilungen, therapeutische Sitzungen und einfach nur zum Anhören; 61 Minuten, Amra Verlag, Hanau 2011.

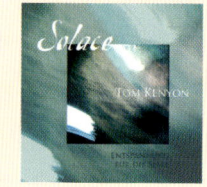

Soma. Auf der harmonischen Quinte beruhende melodische Kompositionen mit Biopulsfrequenzen und »essentische Formen«, bei denen durch den Druck der Stimme positive Emotionen übertragen werden. 60 Minuten, Koha Verlag, Burgrain 2004.

Songs of Magdalen. Lieder und Klänge, gechannelt aus dem Licht dieses göttlichen Wesens, aus dem Herzen der Kosmischen Mutter; 56 Minuten, Koha Verlag, Burgrain 2007.

Sound Transformations. Live-Aufnahme magischer Tonschöpfungen der Hathoren zur Transformation und Heilung. 59 Minuten, Koha Verlag, Burgrain 2001.

Die Sphäre aller Möglichkeiten [10 CDs]. Live-Aufzeichnung eines dreitägigen Hathoren-Intensivseminars mit umfangreichem deutschen Begleitbuch; durch Anleitungen und zahlreiche Klangmeditationen kann die Arbeit mit diesem Material und den erklärten Methoden verändern, wie du dich selbst siehst, und dir ermöglichen, deinen Platz innerhalb und außerhalb des Zeitstroms einzunehmen. 9,2 Stunden, Amra Verlag, Hanau 2015.

The Spirit of Amra, Vol. 1. [Gratis-Sampler mit sechzehn Titeln von Tom Kenyon, Karin Tag, Ani Williams, Nicole Haller u.a.] Ein Querschnitt durch das Programm von Amra Records mit fünf Minuten »Dimensional Attunement« als Bonus; 61 Minuten, Amra Verlag, Hanau 2012.

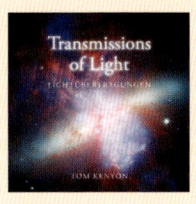

Transmissions of Light. Gesänge der Hathoren, deren Klangkodierungen große Mengen an Licht übertragen, speziell für das System der endokrinen Drüsen, aufgenommen bei einem dreitägigen Workshop; 60 Minuten, Amra Verlag, Hanau 2013.

Voices from Other Worlds. Elf wundervolle spirituelle Lieder, die nach verschiedenen schamanischen Systemen heilsam wirken; 58 Minuten, Amra Verlag, Hanau 2010.

Weiße Tara. Meditation für den Planeten, um die Flinke Beschützerin zu ehren, eine Göttin des Mitgefühls im tibetischen Buddhismus, damit sich ihr hohes Bewusstsein auf der Welt verbreiten kann; 59 Minuten, Amra Verlag, Hanau 2011.

Alle genannten Bücher und CDs sind erhältlich auf www.AmraVerlag.de und können formlos bestellt werden unter Info@AmraVerlag.de. Fordern Sie kostenlos unseren Katalog und unsere Gratis-CD an, gern auch unter der Hotline-Nummer +49 (0) 61 81 – 18 93 92.

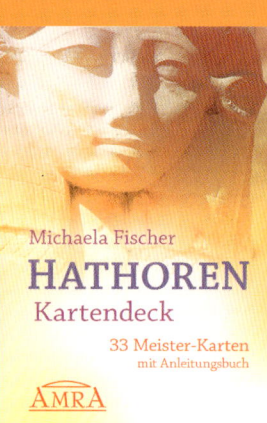

KARTENDECK *von Michaela Fischer*

Michaela Fischer
HATHOREN-KARTENDECK

Zieh eine Karte und arbeite mit dem Thema, das die Hathoren dir persönlich nahelegen. Zieh drei und betrachte dein Leben in Vergangenheit, Gegenwart und Zukunft. Oder spiele in der Gruppe damit. Das weltweit einzige Hathoren-Kartendeck mit Gedanken, Übungen und Meditationen, die deine Anbindung zur geistigen Welt stärken.

AMRA Verlag, 33 Meister-Karten mit Anleitungsbuch; 22,95 €
ISBN 978-3-939373-88-9

WANDPOSTER *von Jeanne Ruland*

Jeanne Ruland
DIE HATHORIN

Unter den Engelwesen unserer Zeit spielen die Hathoren eine ganz besondere Rolle. Durch ihre liebevolle Energie unterstützen sie die Menschen bei ihren atemberaubenden Transformationen. Das Bild einer Hathorin, gemalt von der Huna-Heilerin Jeanne Ruland, hat uns so sehr bezaubert, dass wir es hiermit als Posterdruck anbieten.

AMRA Verlag, Format 59,5 × 84 cm
Wandposter in Papprolle; 19,95 €
ISBN 978-3-939373-62-9

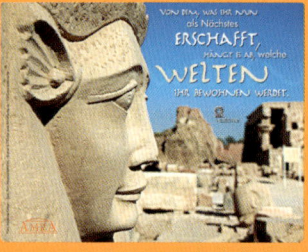

MOUSEPAD *von Tom Kenyon*

Tom Kenyon & Adrianne Koteen
OFFIZIELLES HATHOREN-MOUSEPAD

Die Hathoren lieben Schwingungen und verwenden den digitalen Datenaustausch gern als »energetische Rutsche«. Mit dem Mousepad hast du sie jetzt bei deiner täglichen Arbeit am Computer immer bei dir. Als visuelle Affirmation liegt es unverrückbar fest auf dem Schreibtisch und hilft bei der energetischen Reinigung.

AMRA Verlag, Format 24 × 19 cm, 3 mm dick, abwischbar; 12,95 €
ISBN 978-3-95447-048-8